Go beyond borders

アトツギベンチャー思考

社長になるまでにやっておく55のこと

山野千枝

日経BP

はじめに

同族企業のアトツギにはさまざまなイメージがあります。「地元に根差した会社の将来の社長候補」「将来の地域のリーダー」になる存在として期待される一方、「ボンボン」「七光」などと呼ばれ、「経営者の家族だからという理由だけで特権がある人」といわれることもあり、その見方は実に多様です。

私が注目するのは新規事業の担い手としてのアトツギです。

日本の開業率は国際的に見て低く、なかなか新たなビジネスが定着しません。しかし、同族企業のアトツギが新規事業を立ち上げれば、これをカバーできる面があります。また、家業で新しいビジネスを起こすことが若い世代に魅力的に映れば、今深刻になっている中小企業の廃業を抑えるきっかけになるかもしれません。

そのための主役となるのがアトツギです。本書はどうしたら家業を円滑に引き継ぎ、さらに新たなビジネスを立ち上げられるかを55の視点から記しています。

ベンチャー型事業承継とは何か

本書が扱うのは主に「ベンチャー型事業承継」の考え方と進め方です。

ベンチャー型事業承継とは、同族企業のアトツギが世代交代を機に、先代から受け継いできた有形・無形の経営資源をベースにしながら新規事業、業態転換、新市場参入など、新たな領域に挑戦することを指します。その狙いは、永続的な経営を目指すと同時に、社会に新たな価値を生み出すことです。

私はこの言葉の提唱者として、アトツギが家業で新しい挑戦を始めるための環境整備に長年取り組んできました。２０１８年には全国に普及させるため「一般社団法人ベンチャー型事業承継」を立ち上げ、代表理事を務めています。本書は私にとって初めての著書であり、この分野に携わってきた数十年の経験をもとにしています。

本書の執筆に当たって特に参考になったのは、全国各地でベンチャー型事業承継を実践するアトツギ経営者１００人の声です。

１００人は同社団法人が運営するオンラインコミュニティー「アトツギファースト」で、悩みを抱えるアトツギの相談に乗るメンターを担当してくださっています。業種や規模はさまざまですが、いずれも家業を承継した後、新しい領域に挑戦しています。実現したい未来と目の前の現実との間で葛藤し、孤軍奮闘し、迷走したり逆走したりしながら成果を上げてきた方々です。その経験は私自身学ぶところが多く、これからベンチャー型事業承継を進めたいアトツギに多くのヒントを与えてくれます。改めて謝意をお伝えいたします。

5章で野村証券、みなと銀行、りそな銀行に、データ編で経済産業省・菊川人吾大臣官房審議官、産業人材課・佐藤公平さん、中小企業庁の皆様にご協力いただき謝意をお伝えします。

同族企業の事業承継を巡ってはアトツギの不祥事が時々あり、そのたびにアトツギの在り方が問われます。本書がこれからのアトツギの姿を考える上で関係者に示唆を提供できたら、これ以上のことはありません。

その意味で本書はアトツギだけでなく、先代や同族企業の社員、同族企業と取引している企業の関係者にもぜひ読んでいただき、アトツギや彼らを取り巻く環境への理解を深めていただければと思います。

本書の内容は日経BPの中堅・中小企業向けの月刊誌「日経トップリーダー」と、同社の電子媒体である「日経ビジネス電子版」に掲載した私のコラムに大幅に加筆しています。これからもベンチャー型事業承継の積極的な広がりに向けて活動し、発信していきます。

2023年10月　**山野千枝**

3章 家業で新しいビジネスを創る 91

4章 アトツギを取り巻く人々

5章 社長になるまでのファイナンス対策

データ編

おわりに

1
章

家業に入る
前後の
マインドセット

1-9

変化の激しい時代に、家業を継ぐかもしれないアトツギの中には、会社を存続させていけるのか、経営者として自分はやっていけるのか、など不安に感じている人もいるでしょう。もしくは、「家業の存在がなければ就きたかった仕事」への未練を感じている人や、「家業を継ぐかどうか、明確に決めきれていないまま別の仕事を続けている」人もいるかもしれません。

ここでは、家業に入る前後に経験しておいてほしいことを書いていきます。一般論ではなく、現在活躍しているアトツギベンチャーの経営者が、家業に入る前後に実践していた行動パターンを分析していきます。

アトツギは、家業に入る前には想定していなかった目の前の課題を解決するのに必死で、自分の現在地を見失いがちです。それでも焦ることはありません。全体像をつかんだ上で、一つひとつクリアしていけばいいのです。私が代表理事を務める一般社団法人ベンチャー型事業承継が運営するオンラインコミュニティー「アトツギファースト」では、未来志向の経営者になるために、アトツギ時代に取り組んでおくべきテーマを体系化しています。ゼロから立ち上げるスタートアップとは違う、既存の会社を引き受けるアトツギならではの課題を、一つずつクリアしていきましょう。

経営者の家にたまたま生まれただけかもしれない。それでも気付いていないだけで、あなたにはポテンシャルがあるはずです。あとは「だんだん経営者になっていけばいい」のです。

未来志向の経営者になるために
アトツギ時代に学んでおくこと

	Succession	Team Management	Finance & Accounting	Brand & Strategy	Atotsugi Venture
承継	事業承継計画	人的資本経営	ファイナンス思考	経営理念	ローンチ
承継	承継の資金調達手法	ダイバーシティー	財務分析	デザインシンキング	ピッチ・クラファン
承継	先代の2ndキャリア	採用・育成	金融機関との付き合い	ストーリーテリング	プロトタイプ
掌握	税負担対策	実現したい組織文化	損益分岐点	ファン・コミュニティー	ビジネスモデル
掌握	経営権の分散リスク	人事制度	原価と在庫	インナーブランディング	アイデア創出
掌握	株価算定	組織構造	債権・債務管理	広報	顧客のニーズ
理解	専門家相談	カルチャー	資金繰り	将来のありたい姿	時代のトレンド
理解	株式移転タイミング	モチベーション	資金調達手法	現在のイメージ	家業らしさ
理解	株主構成・議決権比率	古参社員	キャッシュフロー	過去の変遷	自分らしさ
理解	承継宣言	先代	PL・BS	創業者の思い	イノベーション

出典／「アトツギファースト」学びのメソッドより抜粋

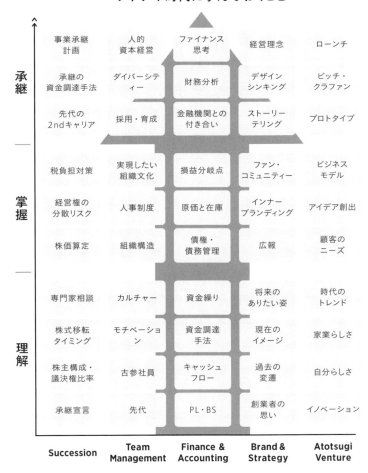

1

無関係な世界はない、アトツギこそ知の探索を

家業の業種が何であろうと、これからの時代、業界の最新情報だけを入手していても安心はできません。もしアトツギとして家業で新しい事業を模索しているならば、むしろ違う世界にアンテナを張りましょう。

業界、業種、業態の境はどんどんなくなっています。アパレル業界が飲食ビジネスを展開したり、家電メーカーが化粧品市場に参入したり、これまで培った自社のリソースを活用して新たなビジネス領域に展開する事例がどんどん誕生しています。

早稲田大学大学院の入山章栄教授は「知の深化」と「知の探索」の両利きの経営の重要性を説いています。アトツギこそこの感覚が必要でしょう。家業の現場に入って技術や知識を習得することだけに時間を費やしているうちに、いつの間にか見える世界はどんどん狭くなります。だからこそ、こうした「知の深化」とともに、自社の業界以外の世界に関心を持つ「知の探索」のための時間を意識的につくってください。社長に就任したときに「世の中の風を読む」ことのできる体質になっておくために、アトツギ時代から訓練しておきましょう。

業界団体に所属していれば必要な情報が手に入る時代はとっくに終わっています。アトツギ

ファーストのメンバーの場合、家業が繊維業であろうが、水産加工業であろうが、テック系イベントに情報収集に出かけたり、業界の常識（外から見たら非常識）をシェアしながら、ビジネスのネタを探っています。

とはいえ、最初からあまり計算しないのがポイントです。例えば、自分の業界以外の展示会や商談会を無作為に選んで参加する。出展されてる技術やサービスを無理矢理でも家業の事業と掛け算をしながら会場を歩く。そうしているうちに、思わぬヒントが見つかるかもしれません。

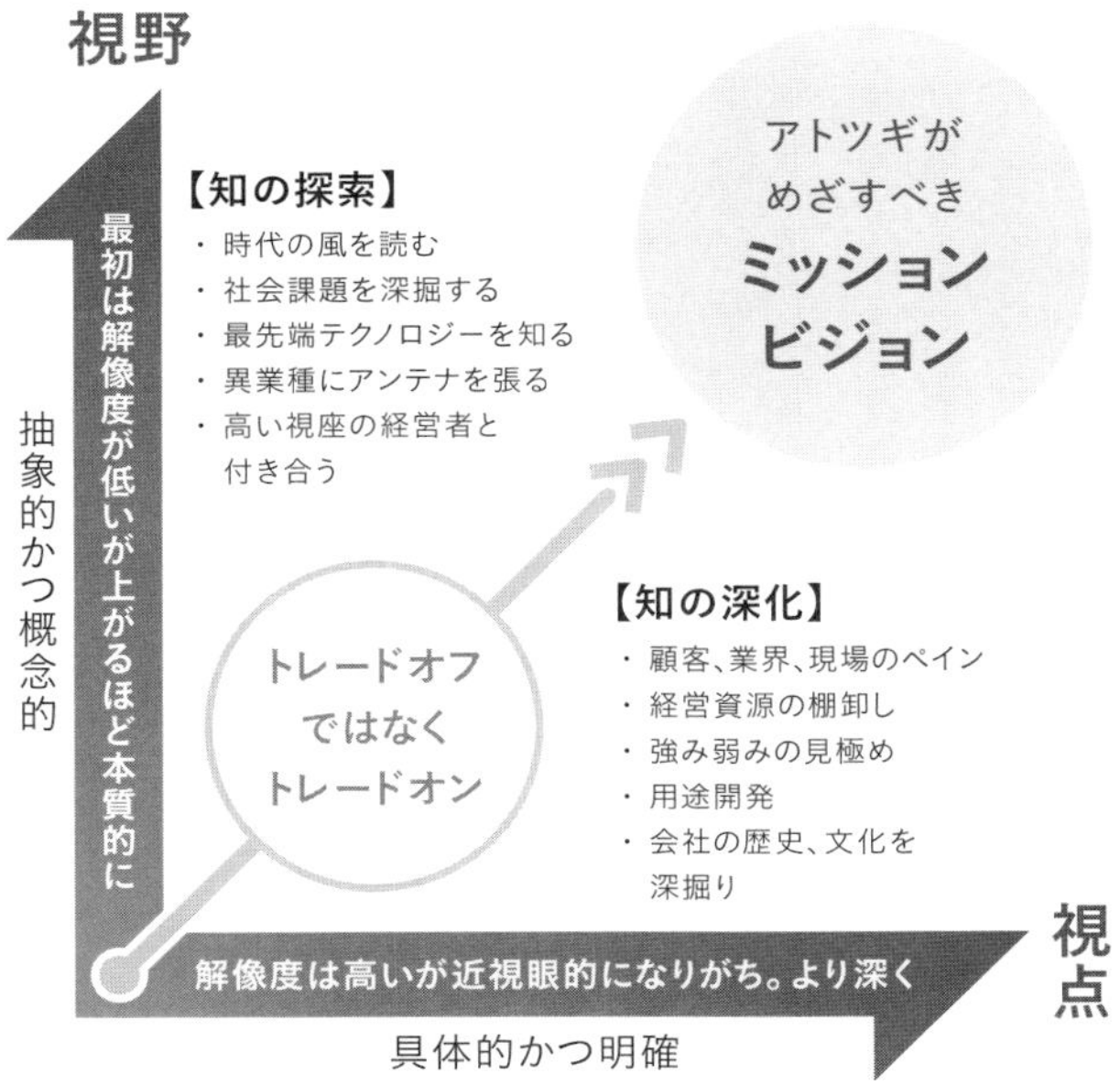

出典／ジャスパーメソッド　by財前英司

2 家業に無関係な業界を経験する

社会人としての最初のキャリアは、将来の仕事観に大きな影響を与えます。家業に直接入社したのか、別の業界で経験を積んだのか。またその職場では、どんな仕事に取り組み、どのような人たちと働いたのか。社風はどう影響を与えたのか。新卒としてまっさらな状態で受けた影響は格別です。一昔前なら、例えば家業が金属加工業なら鋼材商社に就職する、電気工事会社なら関連のある大企業に就職する、などがアトツギの一般的なキャリアデザインでした。しかし、今は特定の業界、業種だけを知っていても安心できない時代です。むしろ他業界の経験やネットワークが将来の財産になります。

私は、親が事業を営む学生に向けた講座を大学で担当しており、就職に関する相談をよく受けます。例えば「家業は金属加工業だが、自分は人材系の会社で働きたい。でも親は鉄鋼商社に就職しろと言う」「養鶏業の家業を継ぐかどうか分からない。今はゲーム開発をやりたい」といった内容なのですが、私は「家業の業界が何であれ、今、一番関心がある仕事ができる会社に就職しよう。その代わり、猛烈に頑張ろう」と伝えています。

家業にないものを持ち帰るのが、アトツギの役目です。家業以外で自分が熱狂できる領域や得意分野を持っておくことは、後になって絶対的に武器になります。自分が好きな仕事を自分で選んだのならば熱狂できるし、その分、専門性もスキルも身に付きます。一見、家業と全く関係がないと思っていた異業種の経験が、将来思わぬ形でつながると信じて、まずはやりたい仕事に取り組んだほうがいいでしょう。

活躍しているアトツギベンチャーの経営者の中には、例えばファーストキャリアとして選んだのが、経営資源の乏しいスタートアップだったという人がたくさんいます。周囲の環境が未整備な中で、しんどくても熱狂しながら働いた経験が、その後に家業に入ってからも何かを生み出す際に生きているようです。アトツギが家業で起こす新規事業も、スタートアップと同様に「無い無い尽くし」がほとんどですから。あえてこうした経験をするために、新卒で大企業に就職した後、「家業に戻るまでの3年間」など期限を決めてスタートアップに転職するアトツギもいます。

もちろん他社で働かないまま、家業に直接入るケースのメリットもあります。その場合、例えば下積みの段階から経験を積みやすく、従業員の信頼を築く時間をかけられるでしょう。中には、他業界の経験がない分、家業に入ってから異業種の情報収集にアンテナをより高く立てようと努力する人もいます。いずれにせよ、経営者になった時、アトツギ時代に家業以外の世界で「知の探索」がどこまでできたかが大きく影響することを覚えておいてください。

3

アトツギムスメ時代が到来

一昔前まで、中小企業の経営者に後継者のことを尋ねると「いやいや、うちは娘ばかりだから、自分の代で終わりかな」と返されることがよくありました。引き継ぐとしても、娘の結婚相手が家業を継ぐ「マスオさん型」が主流であり、経営者の娘が継ぐケースは珍しかったと思います。

しかし、今は違います。私が担当する大学でのアトツギ向け講座では、受講する学生の5割が女性という年もあります。金属加工、物流業、建設業など、男性中心と思われがちな会社を引き継ごうというケースも多く、彼女たちからは「重いものは持てないけれど、女性にしかできないマネジメントがあると思う」「兄より私のほうが経営者に向いている」といった頼もしいコメントも飛び出します。親世代が「娘には継がせられない」と思っているのに、子ども世代は「あり」と思っており、世代間のギャップがあると感じます。オンラインコミュニティー「アトツギファースト」でも、女性が積極的に参加する姿が印象的です。

実際、先代が男性の場合、娘のほうが関係がうまくいくところもあるようです。息子がアトツギだと男同士のため元々会話が少ないこともありますし、息子に実力がついてくればくるほど、先代側にライバル意識が芽生えて、ギクシャクするケースが多々あります。一方、アトツギが娘の場合、先代がうまく後方支援に回って、上手に役割分担をしているケースが目立ちます。また、同族経営の場合、他の家族も経営や事業に携わっている場合が多く、出産や育児などの女性のライフステージの変化をサポートしてもらいやすいところがあり、社長業を続けやすいメリットもあるようです。

とはいえ、世の、特に独身のアトツギムスメたちは悩み事でいっぱいです。自分が継ぐのか、将来の結婚相手が継ぐのか、今付き合っているパートナーは家業の存在をプレッシャーに感じているのではないか、など悩みは尽きません。男性の場合にも、家業を継ごうと思っても妻から反対される「嫁ブロック」で、家族間で一悶着起きる「アトツギあるある」が存在しますが、娘の場合はもっと前の段階から悩みが始まっているかもしれません。あるアトツギムスメが「付き合い始める頃から家業の存在を相手に話しておくようにしている。婚活は商談みたいなものだ」と語っていたのが印象的です。

家族と会社が重なる課題についての正解はありませんし、娘の場合ももちろんそれは同じです。親やパートナーと真剣に向き合うことでしか解決できないのかもしれません。

4

社外から家業に関わってみる

同族企業の事業承継は、継ぐ側も継がせる側も大きな覚悟と責任が伴うため、意思決定が先送りにされがちです。親子や家族でしっかりコミュニケーションを取ることもないまま、この問題が放置されているケースがほとんどではないでしょうか。

親にしてみれば、内心は継いでほしいと思っていても、目まぐるしく経営環境が変化する中、なかなか言いだすタイミングがつかめないことがあります。「子どもに苦労させたくない」「継ぎたいと言ってくれたらうれしいけれど、押し付けたくない」と遠慮してしまうのです。子どものほうも、事業の承継が気になりながらも「親から何も言われてない」と先送りにする。家族だからこそ向き合えず、大事な結論が先送りになります。そんな状況を私は「アトツギ忖度(そんたく)ワールド」と呼んでいます。

それでも、先代が病気になった、経営が危機的な状態だ、などさまざまな理由で、突然アトツギ問題は大きく動き始めます。親が商売を営む家に生まれた自分の立場を認識していたとはいえ、「家業を継ぐかどうか」「中小企業の経営者になるかどうか」の決断を急に迫られるのです。このため、熟考する時間もなく、使命感と勢いで継ぐことになり、その後苦労したというアトツギは多くいます。逆に、よく状況が分からないまま継がないと判断し、他人の手に渡ったことを後悔している元アトツギもいます。

「継ぐか、継がないか」という大きな決断を性急に行わないために、「早い段階で何らかの形で家業に関わってみる」ことをお勧めします。

兼業、副業に寛容な世の中になっていますから、例えば東京の会社に勤務しながら地方にある実家の商売を手伝うといったケースが増えています。兼業ができない会社の場合も、家業と雇用関係を結んだり報酬を得たりしなければ、問題はありません。会社のホームページのリニューアルや採用プロモーションの動画の制作など、週末や夜間を利用して自分にできる範囲で家業を手伝ってみるのです。

私の知るあるアトツギは東京の広告代理店に勤務しながら、東北にある家業の通販ビジネスの運営を手掛けています。将来、家業を継ぐかどうかはまだ分かりませんが、少し離れたところから家業を観察できる良い機会になっているそうです。

時代の風は兼業のアトツギに好意的に吹いています。いつかは、どちらかを選ばないといけない時が来るでしょうが、体力も気力もある若い時こそ「どちらも」取り組むのは、一案だと思います。

5

若さは武器、憧れの経営者にアプローチ

アトツギとして家業に入ると、忙しい毎日を送る中、気が付けば、「同じ業界の人としかコミュニケーションを取っていない」「職場と自宅の往復の毎日だ」となりがちです。特に外の会社を経て入社した場合、家業とはいえアトツギもやはりそこでは新人ですから、覚えないといけないことがたくさんあります。慣れない環境や新しい人間関係に時間とエネルギーのほとんどが持って行かれてしまうのはよく分かります。

それでも、少しずつでもいいので、いろいろな世界の人とつながる時間をつくる行動パターンに変えていきましょう。

アトツギは家業を引き継いだ後、その次の世代につなぐまでの20～30年、事業を存続させていく責任があります。時代は常に変わっており、そのことは今から20～30年前のことを考えたら一目瞭然です。次々に登場するテクノロジーによって、これからも事業への考え方、商流、人々のライフスタイルや価値観がどんどん変わっています。

家業の既存の事業の先行きが暗ければ、自社の技術を新たな領域で用途を開発したり、新しい市場に参入したりすることが必要になります。そのときに肝になるのが、他業界のナレッジ

です。経営者になるまでの間に、なるべく多くの業界の知見をシャワーのように浴びておくことが、将来の打ち手につながるはずです。

気になる業界を自分なりにリサーチしているうちに、「会って話を聞いてみたい」「こんなリーダーになりたい」という経営者が現れてくることもあるでしょう。そういうときは思い切って「教えてください」と「道場破り」をしてみましょう。今の時代、知人の紹介やSNSなどを通して、だいたいの人にはコンタクトが取れます。私が知る限り、未来の経営者である若者が、熱意と誠意を持って真剣にアプローチをすれば、応えてくれる心ある経営者は多いです。ただ、若さは時限的なものです。「後進の若者を応援したい」という先輩経営者の気持ちを動かすのは、アトツギ自身の若さだということは、自覚しておきましょう。

もちろん同世代との情報交換も有益です。私たちが運営するオンラインコミュニティー「アトツギファースト」でも「この業界のこと知りたい」という情報交換が頻繁に行われています。参加しているのは似た境遇のアトツギ同士ですから、聞きやすいし答えやすい面もあるのかもしれません。

社長になってからだと、フラットな付き合いが難しくなる面もあります。「ただの若者」であるアトツギ時代こそ、いろんな業界の人と会って、自分の世界を広げてください。

6

なるべく多くのアトツギとつながっておく

「経営者は孤独」といわれますが、「アトツギはもっと孤独」かもしれません。

経営者になれば社交的な活動が増えるので、社外とつながる機会が自然に増えます。ではアトツギはどうでしょう。まだ会社の代表ではないし、家業に入社したてならば「ただの若手社員」です。一方で「未来の社長候補」である分、会社のグチや悩みを同僚にはなかなか相談できません。またアトツギとしての悩みは、会社員である友人に打ち明けても、本質的なところは理解してもらえません。そんなことから「独りで悶々としている」アトツギを多く見てきました。

経営者になるまでの、アトツギ時代の悩みは独特です。同族企業は、会社の数だけ事情が違い、ロジカルな解決法がなかなか通用しませんし、先代や古参の社員に「忖度」しているうちに、自分自身をどんどん見失って行きがちです。そんな時は、自分と同じような境遇にいるアトツギの体験や考え方になるべくたくさん触れる環境に身を置きましょう。多くのアトツギの体験談をシャワーのように浴びているうちに、「自分自身にとって心地よい経営判断の軸」がだんだん見えてきます。

とはいえ、アトツギが同じ立場の仲間を探すのは大変です。誰が次の経営者になるのかという事業承継問題は、どの会社にとってもデリケートなテーマです。アトツギがはっきり決まるまで会社として公表しないことも多いため、アトツギ自身も自分の立場を社外に表明しにくいという事情があります。だから、他のアトツギとつながりたくても、彼らが一体どこにいるかすら分からず、以前は地元の経営者団体に所属するくらいしか、選択肢がありませんでした。

しかし、最近はオンラインでもコミュニティーが多数誕生していますし、X（旧ツイッター）などのアカウント名に「アトツギ」を入れる人も増えています。SNS上でアトツギとしての苦悩や危機感を共感し合ったり、具体的な解決策をシェアしたりと、地域を越えてアトツギ同士がつながる手段が増えています。

一人で悶々とする時間を過ごすより、自分自身で「アトツギ」と名乗り、アウトプットし始めることで、インプットできる情報が格段に増えます。「悩んでいるのは自分だけではない。他のアトツギもいろいろある中で、腐らず頑張っている」。そう確認できるだけでも、見える世界が変わっていくはずです。

7 先輩経営者の「体験シャワー」を浴びる

「自分自身にとって心地いい経営判断の軸」を探すのは、アトツギ時代のメインテーマともいえます。紆余曲折しながら時間をかけてようやく見つかるものであり、同じ立場の同世代だけでなく、少し年上のアトツギ経営者の体験はとても参考になります。

地域の先輩、業界の先輩、大学の先輩など、自分が信頼できるアトツギ経営者にぜひメンターになってもらいましょう。先代や古参の社員との関係構築ならこの人とこの人、事業開発ならこの人とこの人、ファイナンスならこの人、というようにテーマごとに、また同じテーマでもいろいろなヒントをつかむために複数のメンターがいるとベストです。

一方で、アトツギ時代に安易にコンサルタントを頼ることをお勧めしません。経営者としてもまだまだ発展途上であり、どんな会社にしていきたいのか、自問自答を続ける大切な時期です。コンサルのアドバイスによる最短コースで正解を求めるのでは、アトツギとして成長できる機会を失ってしまうことになりかねません。

オンラインの「アトツギファースト」の場合、全国のアトツギベンチャー経営者がメンターを務めていますが、メンタリングについては「アドバイスはしないでください。あくまでもご自身の体験をシェアしてください」とお願いしています。今はアトツギベンチャー経営者として活躍していても、かつてはさまざまなステイクホルダーがいる中で、自分らしい経営スタイルは何なのか、自分はどんな会社を目指すのか、と自問自答と続けながら、時間をかけて答えを導き出した方々です。メンターの体験に自分を投影したり、話を聞いてもらったりしているうちに、自分なりの経営判断の軸が少しずつ見えてくるはずです。

目指す会社の姿がはっきりしないうちは、いろいろなタイプの経営者と話してみることをお勧めします。新規株式公開（ＩＰＯ）に向けて拡大路線を描く人、規模の拡大は追求せず収益力の高いビジネスで勝負する人、ボトムアップで組織力を強くした人、トップマネジメントでぐいぐい引っ張る人などいろいろなタイプの経営者の話を聞いているうちに、共感だけではなく、違和感も感じるかもしれません。そんな中で次第に自分の目指すべきリーダー像などが少しずつクリアになっていきます。

自問自答しているだけでは、いつまでたっても自分の考えを検証することができません。そのまま社長に就任すると、自分の軸が迷子になったまま経営判断することになり、組織を混乱させることになりかねません。アトツギ時代こそ、先輩経営者の体験を通して、自分を客観視する機会を増やしましょう。

8

あえて居心地の悪い環境に身を置いてみる

いつもの職場で、いつもの仕事が終わって、いつもの仲間と食事をし、いつものように好きなユーチューブを見て、いつもの時間に寝る。こうした想定通りの毎日はストレスもなく心地よいものです。ただし、居心地の良い世界にいると、残念ながら新しい出会いも学びも、そしてチャンスもやってきません。これでは将来、経営者になったときに動き出そうと思っても、その頃にはすっかり「居心地の良い世界にしかいられない」体質になっています。

将来経営者になるアトツギなら、そんな毎日から抜け出して「イレギュラー」を実践してください。

とはいえ、それほど大袈裟なことではありません。自社と無関係な業界の商談会に行ってみる。スタートアップのイベントに参加してみる。ちょっと難しそうなテーマのビジネス研修に参加してみる。面識のない人たちばかりのビジネスイベントに参加してみる。海外の商談会に飛び込んで自社の説明をしてみる。いつもと違うアクションを起こすことで、自分にストレスやプレッシャーをかけるのです。

例えば、同世代の「意識高い系」の人々の輪に入っていったり、ビジネス研修に参加したりすると、他の人と自分を比べて自己嫌悪になったり、恥をかいたり、ストレスを感じたりするものです。しかし、他の参加者ももしかすると、自分と同じように自分にストレスとプレッシャーをかけながら「居心地の悪い世界」に身を置いているのかもしれません。チャンスを呼び寄せる体質になりたいのならば、周囲を気にする必要はまったくありません。

そもそも若い時の恥や失敗は3年もたてば、誰も覚えていないはずです。むしろ若いうちからプレッシャーを自分にかけ、失敗から学べるよう訓練していると、そのうちなんの抵抗もなくなり、自然に新しい出会いやチャンスをつかめるようになるでしょう。

いずれ経営者になれば、ハイプレッシャーな日々になり、コンフォートゾーンに入られません。大事なことは、アトツギのうちからコンフォートゾーンから飛び出して、経営者になるまでにこの体質をつくり込んでおくことです。

今、活躍するアトツギベンチャーの経営者の多くは、ハイプレッシャーや逆境を楽しんでいるようにすら見えます。しかし、社長に就任する前に、いろんな経験を通してこの体質をつくり上げているのです。

9

最新テクノロジーにアンテナを張る

次々と誕生するテクノロジーを前に、デジタルネイティブ世代ですら、ここ数年のテクノロジーの進化がもたらす世界の大きな変化に気付いているでしょう。最近ではテクノロジーによってテレワークやリモートワークも急速に広がり、働き方や暮らし方はもちろん、生き方すらも変えたという人が増えました。

問題はこの変化をこわいと捉えるか、チャンスと捉えるかです。

どんな業界にいようとも、テクノロジーの進化の影響が大きいこの時代において、変化を捉える力は、若いアトツギのほうが先代より圧倒的に長けています。まずは、「この技術が生活に入り込んだら、どんな世界になっていくのか」といった形で、ざっくり知っておきましょう。蓄積が進み、また経営の感覚が身に付くうちに、「業界で深刻化する人手不足にこの技術が使えないか」「この技術で新しい売り方ができないか」などのように、家業の課題や強みとテクノロジーを無意識のうちに頭の中で「掛け算」できるようになります。そのためには何よりもまずは知ること。アンテナを張ること。そして、どんな技術でも自分の家業と無関係だと思わないことです。

最先端のテクノロジー情報に触れるに当たって、有効な方法があります。それは「スタートアップのピッチイベントに観覧者、視聴者として参加してみる」ことです。国も自治体も創業・スタートアップ支援には力を入れているので、インターネット上で検索すれば、いろいろなピッチイベントが見つかるはずです。医療格差、地域格差、人手不足、交通インフラ、大量生産・大量廃棄、温暖化など、さまざまな社会課題や業界のペインをテクノロジーで解決するビジネスプランが多数披露されています。

スタートアップの多くは資金調達を目的に投資家に向けてピッチをしているので、テクノロジーの活用だけではなく、マネタイズの仕組みや商流についても考えられています。スタートアップが利用しているテクノロジーやビジネスモデルを、自分の家業に置き換え考えてみるだけでも勉強になります。0から1をつくり出そうとするスタートアップの気迫や熱量から刺激を受けるはずです。

ただし、スタートアップはサービスの優位性を立証する「現場」がありません。例えば、ネット系のスタートアップが建設業の人材不足を解決するアプリケーションを開発してもすぐに実践する場がありません。このため、実証実験に協力してくれる企業を開拓するところから始めないといけません。

一方、アトツギはもし家業が建設業であれば、サービスの実用性を検証する実証実験ができ

9

る現場があるし、業界のネットワークもあります。スタートアップのピッチを聴きながら、「ゼロイチではないからこその課題はいろいろあるけれど、自分たちには使えるリソースがある」ことを再確認する機会になるでしょう。

これまで「ベンチャー」といえば、ゼロイチのスタートアップを意味することが一般的でしたが、最近では中小企業のアトツギもベンチャーの卵として国や行政が支援を始めています。スタートアップに混ざりピッチイベントに挑戦するアトツギも出てきました。スケールアップして株式公開を目指すというスタートアップとは違い、アトツギは地域や業界が抱える課題を解決しようとするビジネスがたくさんあります。同じアトツギとして共感できる面は多く、「自分も何かに挑戦してみよう」という勇気をもらえると思います。

対談 1

早稲田大学教授

入山章栄氏

×

山野千枝

同族企業のアトツギは「知の探索」が不可欠

対談のお相手

入山章栄氏
1996年慶応義塾大学経済学部卒業、98年同大学院経済学研究科修士課程修了。三菱総合研究所を経て2008年に米ピッツバーグ大学経営大学院から博士号（Ph.D.）を取得。早稲田大学大学院経営管理研究科（ビジネススクール）准教授を経て19年から現職

私が同族承継の強さやポテンシャルに着目し始めたのは十数年前のことです。当時は、同族承継について「保守的でイノベーションが起こらない世界」という、根拠のないイメージがまん延していました。そんな中、常に持ち歩いていたのが、同族企業の経済合理性について

記した早稲田大学の入山章栄教授の記事でした。
入山先生にはその後、私が代表理事を務める一般社団法人ベンチャー型事業承継で顧問に就任いただくなど、さまざまな局面でご協力いただいています。アトツギならではの知の探索の在り方について聞いてみました。

山野：入山先生はアトツギには「知の探索」が欠かせないと主張されています。そもそもこれはどんなことを指すのでしょうか。

入山章栄氏（以下、入山氏）：人間の認知には限界があり、ただ放っておくだけでは新しい知が生まれません。なるべく自分から離れた遠くの知を、幅広くたくさん見ることが重要です。これが知の探索で、イノベーションを起こす仕組みの1つです。

イノベーションの仕組みにはもう1つあり、それが「知の深化」です。これは知の探索によって「ここはよさそうだ」と思ったところを深掘りしていくことを指します。

山野：社長業に忙殺される前の、アトツギ時代にこそ、知の探索はやっておくべきことの1つだと思います。ただ、実際にアトツギが知の探索を進め新規事業を立ち上げようとすると、経営者を務める親から「遊んでいる」と誤解されがちです。このため、アトツギから「継続するのが難しい」という声をよく聞きます。

入山氏：それでも、知の探索を続けるしかない、というのが私の考えです。事業を次の代も続けるには先代のやってきたことを続けるだけではうまくいかない以上、アトツギは親に従順になるのでなく、自分の考えで知の探索を進めるべきです。親にしても後を継がせようと思っている以上、アトツギの新規事業が大変なことになりそうなら、「このままではダメだ」と言ってくれるはずです。

アトツギの知の探索で大切なのは、結果を出すことです。「自分はすごい」「知の探索をしてきた」と言っても、何の結果もなければ親や周囲からは「1円も稼いでいない」と返されるだけですから、目の前の結果にはこだわったほうがいいでしょう。例えば、兵庫県伊丹市の畳メーカー、TTNコーポレーションの場合、アトツギは畳店の24時間営業を考えましたが、社内は誰もついてきませんでした。「それならば自分1人でやろう」と考えたものの必要な技術がないため、まずは職人に頭を下げて弟子入り。一通り仕事ができるようになると、1人で夜中の営業も始めました。当時、日本中にそんな取り組みをしているところはなかったため、結果がどんどんついてきました。すると周囲も変わり、応援するようになりました。小さくてもいいから、全力でやって結果を出して、周囲を認めさせることが重要です。

山野：アトツギの知の探索を事業の引き継ぎから考えると、引き継ぎには親子関係が円滑な「ソフトランディング型」と親子が対立しながら事業を引き継ぐ「ハードランディング型」があります。私の印象では、ソフトランディング型の場合、先代がもの分かりがいいためか、知の探索が十分でないアトツギが目立ちます。一方、ハードランディング型の場合、アトツギは先代を説得しながら新規事業のアイデアを練る分、事業計画が肉厚になり、いい結果につながりやすいようです。

入山氏：この点において、気になるのが親の意識です。ファミリービジネスを長く率いてきた経営者の場合、周囲がふがいなく見えることが多く、特に父親が息子に事業を引き継ぐとき「どうしてこんなことができないのか」と考えがちです。父親もかつては「こんなこともできなかった」はずなのに、それを棚に上げて息子の「できていない」面ばかりが気になるのです。父親は年をとって視野が狭くなっている面もあると思いますが、多くのファミリービジネスがこの状態になっています。

山野：大企業では社外取締役がガバナンスで役割を果たすケースが増えています。私は入山先生の指摘する問題に対応するため、規模の小さなファミリービジネスでも社外取締役を入れたらどうかと思っています。親子間でもめても、第三者の話だと冷静に聞けますし、アトツギが動いて先代の認めるような人物を参謀のような役割で参加してもらう方法もあるはずです。

経営者のパートナーの役割

入山氏：いいアイデアだと思いますが、その分人選が難しいと思います。先代とべったりでは社外取締役として入っても意味がないし、そもそも大局観を持ってきちんと先代に厳しいことも言える人は、どの会社でもそれほどいないでしょう。しかもファミリービジネスにはウエットな感情面の話もありますから、むしろこの役割ができるのは、経営者のパートナーになるのだと思います。

山野：例えば、男性経営者とアトツギである息子が全然会話をしない場合も、経営者は妻と話すし息子は母となら話すことが多いと思います。経営者の妻はアトツギの教育もしますから、確かに果たす役割は大きいですね。

親世代とアトツギの関係でいえば、もう1つ気になるのが先代の嫉妬です。アトツギがどんどん結果を出すと、先代はジェラシーを感じ、ライバル意識を持ってアトツギの前に立ちはだかることがよくあります。「立派になったから任せてもいい」などという先代はあまりいなくて、むしろますます立ちはだかろうとします。

入山氏：先ほど指摘したように、ファミリービジネスの大きな課題は、経営者からみてアトツギが「自分よりずっと劣っている」ように見えることなのですが、そんな中で優秀な存在が出てくると「自分を脅かしかねない」と危機感を持ち、立ちはだかろうとすることがあります。大企業の創業経営者でなかなか後継者が決まらないケースも同じ理由でしょう。アトツギはこんな場合、表立って「地上戦」で争うのではなく、「地下戦」をやるしかないでしょう。例えば、愛知県新城市のプラスチックメーカー、本多プラスの場合、アトツギである息子は表面上、社長を務める父親に従いつつ、周囲を巻き込みながらじっくり変革を進め、自分の取り組みを進めていきました。

山野：アトツギは親と時代感覚に30年ほどの差がある中、10年、15年と一緒に仕事をしながら会社を引き継ぐことが多いと思います。この期間に、例えば企業にとって必要な知の探索と知の深化のうち、アトツギが知の探索をメインにし、親が知の深化を進めるといったことができれば、知の探索を事業化できる可能性が広がるし、親も新規事業の役に立つことができるはずです。

入山氏：逆に親のほうがアトツギに知の深化を任せた上で、自分は知の探索をするというパターンもあります。ただ、多くの場合、親は引退後にあまり知の探索をしないため、地域の名誉職などに就き、ファミリービジネスからは徐々にフェードアウトすることが多いと思います。

アトツギは反復横跳び

山野：アトツギは反復横跳びだ、と私はよく言っています。新規事業か既存事業か、家業の歴史か未来かなど、いいバランスを探さないといけないところがあります。知の探索と知の深化も、アトツギのための考え方になると思います。

入山氏：いい会社の最大の条件は矛盾していることだ、と私は考えています。矛盾していると一貫性がないといわれますが、むしろ一貫性がないほうがいいのです。両利きの経営は、まさに知の探索と知の深化であり、矛盾したことに同時に取り組まなければならないのです。いい会社は矛盾していることの辻つまを何とか合わせ、矛盾を内包しながらバランスを取り、結局、両方をやっているのです。アトツギもその典型で、例えば親の会社を大切にすると言いながら知の探索をするのも、矛盾と言えるでしょう。

山野：つまりファミリービジネスは白か黒かどちらかを選ぶのではなく、両方があり、言ってみればグレーなのだと思います。グレーだから、ファミリービジネスはロジカルでなくウエットな印象を持たれるのですが、グレーの強さが一方であります。

入山氏：アトツギは一貫性を求めようとするのではなく、矛盾していることの強さを理解すべ

早稲田大学の入山章栄教授（左）と山野氏

きだと思います。

もう1つ、ファミリービジネスについて思うのは、エモーショナルマネジメントが重要であることです。例えばビジネスの合理性だけでいったら「別会社を立ち上げて外部の資本を入れて成長するほうがいい」場合でも、ファミリービジネスでは「それは悲しい」とか「ご先祖様に申しわけない」といった気持ちの問題が出てくることがあります。それだけに気持ちのケアが大切です。

実は「論理で人は動かない。動くのは感情」ということは、上場企業でも同じです。論理で来られたらいい気はしないし、むしろ何もしなくなるからです。人間は感情の生き物だからエモーション、感情を使うことを意識する必要があります。そしてそれが分かりやすいのが、ファミリービジネスです。

山野：家族がベースになっているので「親のプライドを傷つけてはいけない」といったことがよくあり、ロジカルにコミュニケーションして意思決定すれば1年で済むところが、5年もかかるといったことがよくあります。

入山氏：エモーショナルな部分のマネジメントとは例えば、名前をうまく残す、創業者をたたえるイベントを毎年開くなど、さまざまな形が考えられると思います。山野さんの組織ではこうした知見が集まっているはずですから、例えば親世代のマインドセットを可能な限りパターン化することなどを通じて世界に発信できると思います。またいつまでもアトツギが頼りなく見える親が多いので、「継がせ切った」人が語るイベントはどうでしょうか。継がせたほうがかっこいいというムーブメントができたらいいと思います。

山野：世界中にファミリービジネスがあり、エモーショナルな悩みを持っている人が多い以上、取り組むべき価値のあるテーマだと思いますし、親向けのイベントも考えたいですね。

2
章

家業を知る。
自分を知る。

10-23

この激動の時代に家業を継ぐ若いアトツギで「現状のままでも10年後、20年後は安泰だ」と思っている人はおそらくほとんどいないでしょう。現時点で業績も安定していてキャッシュが回っていたとしても、将来については「漫然とした危機感」を感じている人がほとんどだと思います。

実は、社長になるまでのアトツギ時代こそ、将来の売上高の新たな柱となる事業の種をまいておく時期です。社長に就任してしまうと、既存事業の維持拡大、人事、銀行との付き合いなど日々の仕事に忙殺され、新規事業どころではありません。先代が社長業を担ってくれるアトツギ時代こそ「10年後の売り上げの新しい柱を準備する」絶好のタイミングです。

とはいえ、家業のことを理解しないまま、はやりのキーワードに乗っかった表面的な新規事業を立案したところで、家業の本質的な強みを生かした事業には育ちません。このため、家業に入社してまず取り組んでほしいのは、家業を徹底的に理解することです。私はよく「アトツギの新規事業は二階建て」と言っていますが、新規事業を本格化するのは家業を十分理解できてからです。つまり新規事業の種は家業に入った瞬間から探し始めるものの、まずは家業の現状を理解するプロセスが優先です。

現在の売上高構成比はどうなっているのか。顧客、仕入れ先はどうなっているのか。今抱えている喫緊の課題は何か。社員はどんな背景で入社し、どんな仕事をしているのか。過去最大のピンチはどういう状況で起こりどう解決したのか。家業の強み、弱みを隅々まで把握していなければ、本当に強い事業はつくれません。

アトツギファーストのスローガンの一つに「History meets the future（歴史をひもとけば未来への道筋が見えてくる）」という言葉があります。目まぐるしく変化する時代の中で、既存事業を取り巻く状況を観察したり、歴史を調べたりするのは、一見、遠回りのように見えるかもしれません。それでもアトツギは経営者として未来を生き抜いていくヒントを探す旅に出ると思って、アクションを起こしてみてください。

アトツギ時代に新規事業に着手するべき理由

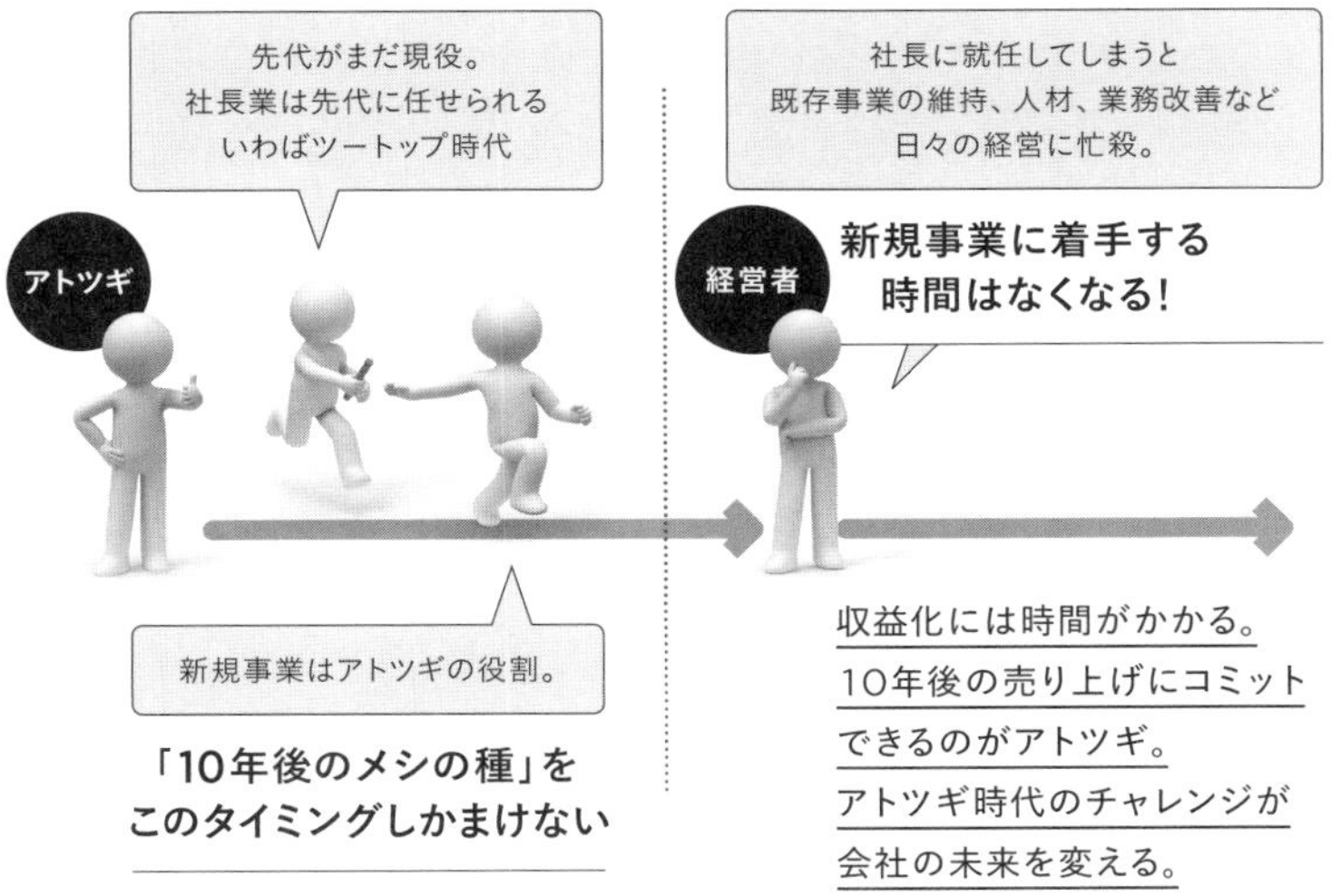
先代がまだ現役。
社長業は先代に任せられる
いわばツートップ時代
アトツギ
新規事業はアトツギの役割。
「10年後のメシの種」を
このタイミングしかまけない
社長に就任してしまうと
既存事業の維持、人材、業務改善など
日々の経営に忙殺。
経営者
新規事業に着手する
時間はなくなる！
収益化には時間がかかる。
10年後の売り上げにコミット
できるのがアトツギ。
アトツギ時代のチャレンジが
会社の未来を変える。

10

家業の置かれた状況を分析する

家業の置かれた状況を知るために、現在のビジネスの売上高を構成している商品（サービス）や取引先、経営資源を細かく分析してみることから始めます。役に立つのが、経営学者、マイケル・ポーター氏が提唱するファイブフォース（5つの脅威）分析です。

現在の売上高を支える製品や事業は、ローンチした当時と今とで大きく状況が変わっているはずです。客観的な視点を持つことのできるアトツギの視点から、決算書や取引台帳を細かく分析することで、家業が置かれている状況が見えてきます。

「業界内での競争」

競合他社はどんな取り組みをしているのか。自社の知名度や優位性はどれくらいあるのか。また、その業界は伸びるトレンドにあるのでしょうか。縮小している業界はたいへんに見えますが、それだけ競合が少なくなっているともいえます。残存者利益を得ている間に新たな事業に打って出られるかもしれません。

「業界への新規参入者」

自社のいる業界に参入する場合、どれくらい難しいのかについての分析です。参入のハードルが高ければ、競合が現れにくく、自社の利益も確保しやすいでしょう。反対に、異業種からの参入がしやすい業界であれば、競争環境は今後ますます激化していきます。

「代替品の存在」

例えば、紙販売業の場合は、情報を伝える紙という意味では、ウェブサイトやデバイスが代替品です。代替品に乗り換える手間やコストを分析し、それが容易なら脅威となるでしょう。

「買い手（顧客）の交渉力」

顧客との力関係です。競合が多く、どこからでも同じものが買えるような業界では、買い手の力が強く、事業の収益性が落ちるでしょう。

「売り手（サプライヤー）の交渉力」

原材料や製品を仕入れている会社との力関係です。同じものを提供する会社が多ければそれだけ交渉はしやすくなります。逆にそれが少ないと、売り手が力を持ちます。

5つの脅威を分析することによって、家業の立ち位置は鮮明になります。それぞれからの脅威が小さければ、これからも同じ業界で自社の力を磨き上げればいいでしょう。しかし、脅威の存在が大きければ、脅威の少ない領域へ事業や業態への転換を検討する必要があります。

11

家業で感じる「違和感」を記録していく

家業に戻ったばかりの、新鮮な視点を持っているタイミングは、アトツギにとって、とても重要です。というのも、既存事業に従事しているうち現状にだんだん慣れていき、その分課題に気付けなくなるからです。「まだ何も分かってないから」と遠慮してしまうアトツギが多いのですが、逆に「家業の課題には、アトツギの自分しか気付けない」ことを意識してみましょう。

アトツギは家業に入社するまでに別の会社で働いていた経験がある人も多いと思います。特に、大企業やベンチャーで働いていた人が家業に入社すると、前時代的なアナログな業務のやり方に愕然とすることばかりです。「どうして、いまだにこんなやり方でお客さんとやり取りしているのか?」「なぜ、こんな紙ベースで資料を残すのか?」「この業界は何でこんな商慣なのか?」と、家業の現場には「疑問と違和感」がたくさんあります。

しかし、この「なぜ」こそが、将来のビジネスの種になるのです。

「業界の常識は世間の非常識」とよくいわれますが、外の世界から家業に入ってきたアトツギだからこそ気付ける課題があります。現状を客観視して、相対比較することで、業界が抱えているペインが浮き彫りになり、結果的に課題を解決する製品やサービスが多数誕生しています。

実際、多くのアトツギベンチャー経営者は、家業に戻ってからの違和感を見過ごさなかったから、新しいビジネスを起こせたと言っても過言ではありません。

そのうち、アトツギも家業の現場に慣れるにつれて目が曇っていき、何にも気付けなくなります。個人の能力の問題ではなく、人間とはそういうものなのです。だから、どんな些細なことでもいいので、感じた違和感を全て記録していってください。あるアトツギは、違和感や課題を発見するたびにメモしていたノートは1年で何冊にもなり、時間ができるたびに一つひとつ解決していきました。

ただ、それがどんなに正しいことだと思っても、社内でいきなり正論を振りかざしても先代や社員の心は動きません。まずはこれまでの貢献に、敬意を払いましょう。特にベテラン社員は、長年積み上げてきたものがあり、問題点に気付いていていながらも改革できなかった場合、それなりの理由があったりします。そうした要因を丁寧にヒアリングしながら、一緒に解決してほしい気持ちを伝えましょう。

また、一見、非効率に見えることでも、会社のカルチャーとして大事にしてきたものだったり、今の時代では逆に新しい価値として再定義できるものだったりすることもあります。それだけに丁寧な対話と理解が重要です。回り道に見えたとしても、ここは頑張りましょう。

12

DX担当に名乗り出る

家業に入ってから感じる違和感の中でも、特に気になるのが非効率な業務のやり方です。ITリテラシーが高いデジタルネイティブ世代は、「あのアプリを使えばもっと楽になるのに」「あのクラウド使えば、紙の書類を保管しなくていいのに」など、業務改善の方法をいろいろ思いつくでしょう。

しかし、人は今までやっていたやり方を変えるのは、難しいものです。一社員として意見を言ったところで、なかなか聞き入れてもらえません。ここは一つ、思い切ってDX（デジタルトランスフォーメーション）の導入担当に名乗り出るのも手です。

事業承継は、理解期→掌握期→承継期の3段階に分けられます。DX導入担当になることは、実はこの理解期→掌握期をショートカットでクリアするのにとても効果的です。

というのも生産管理、営業管理、情報共有など、どんなテーマであっても、現状の把握と整理をした上で、「どういう機能で課題を解決していくのか」という「要件定義」の策定が必要になります。一般的には、DXはクラウドサービス企業やシステム開発の会社が担うことですが、発注側の誰かが取りまとめる必要があります。ここにアトツギが名乗りを挙げるのです。

世の中がこれほどＤＸ、ＤＸと連呼しているので、時代の流れは追い風です。今まで頑なに抵抗していた先代も渋々、納得してくれるはずです。世代的にこの領域に苦手意識を持つ先代も多いので、「俺はよく分からないから、任せる」と、デジタルネイティブ世代であるアトツギにＤＸ化の全権を任せてもらいやすい面もあります。

そうなればこっちのものです。現場の課題の抽出を「大義名分」に、社員と深いコミュニケーションができるようになります。「皆さんの仕事を楽にしたい」という姿勢を示して現場のヒアリングに臨めば、信頼関係の構築にも役立ちます。新しいシステムを浸透させるには苦労はありますが、その中で社員ともコミュニケーションが深まります。そして、業務がシステム化されると「なんとなく」やっていた仕事の多くが数値化、データ化されますから、アトツギとして既存事業の「理解期→掌握期」のみならず、承継期にかかる時間も格段にショートカットできるはずです。

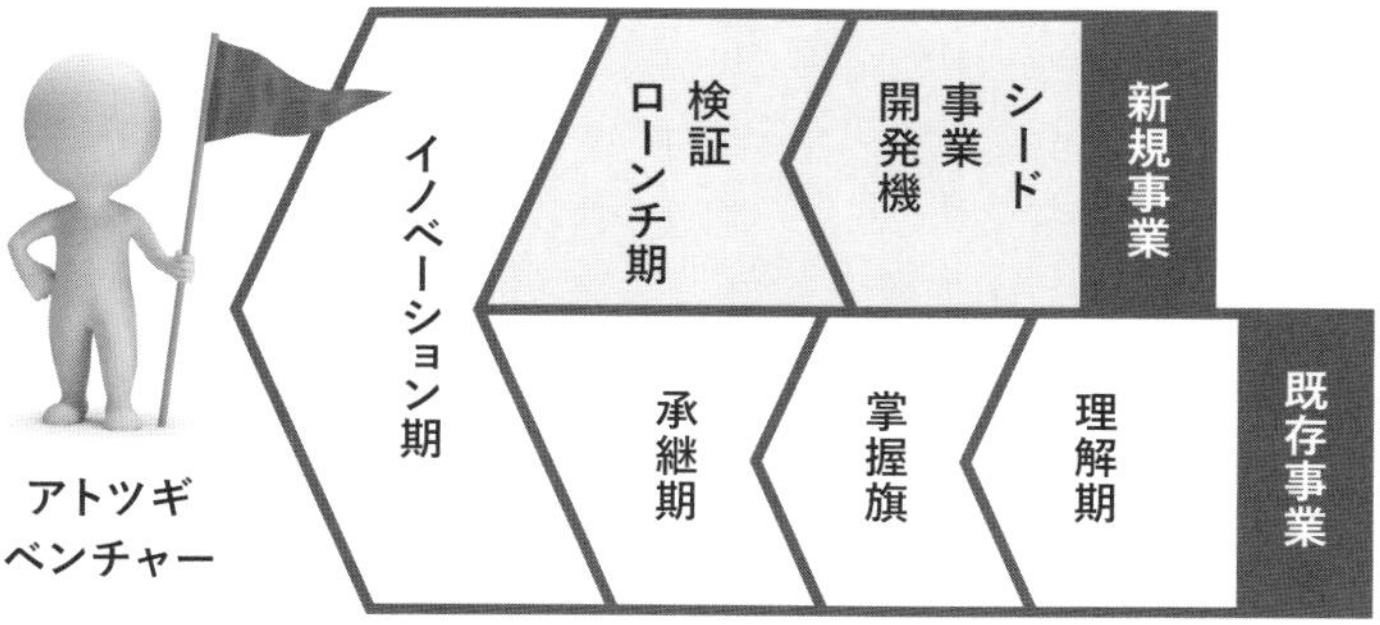

13

やった方がいいことをやって、やめた方がいいことをやめる

時代の変化は今ほどではなくても、これまでも常に起こっていました。斜陽産業に見える家業でも、今も生き残っているのは、何らかの強みがあるからにほかなりません。家業の技術やサービスや商品に、お金を払ってくれるお客さんが存在しています。そのことは十分分かっていても「それでも、もうかっていないじゃないか」というのが多くのアトツギの感覚でしょう。

実は、現在活躍しているアトツギベンチャーの経営者も同じ状況でした。家業に入っていきなり始めた新規事業が成功して起死回生、というケースはほとんど聞いたことがありません。自分が入ったことを契機に、まずは家業の状況を理解して、知り尽くした上で、「できればやった方がいいが、きっかけがなくてやっていなかった」とか「できればやめた方がいいとは思っていたが、きっかけがなくてやめていなかった」ことを一つずつ洗い出して、実行に移し、利益率やキャッシュフローを改善することから始めたという人が多いのです。

アトツギの入社は、会社にとって「やった方がいいことをやって、やめた方がいいことをやめる」大きなきっかけになります。

手形取引をやめてもらった。先払いにしてもらった。ファクスや紙での受発注をやめた。何

年も変えてなかった営業資料を刷新した、などそれぞれ地味であっても、先代や既存の社員が「重要だと分かっているけど緊急性がなくて長年手をつけてこなかった」ことが、会社の中を見渡すといくつもあります。

長年の慣習を変えるのは勇気やエネルギーがいりますが、同族企業にとって世代交代は30年に一度に到来する絶好のチャンスです。特に、税理士を変える、メインバンクを変える、負担になっていた団体から抜ける、などなど社外の人間関係のリストラは、世代交代を言い訳にできるこのタイミングにやっておかないと、それ以降は難しくなります。

また、手形取引の見直しなど顧客が関わることは着手しにくいイメージがありますが、「取引がなくなることを覚悟して勇気を出して顧客に申し出たら、あっさりＯＫだった」という話もよく聞きます。要するに長年の慣習や前例に縛られていたのは自分たちのほうで、できないと思い込んでいただけということがよくあるのです。

「小さな改善を積み重ねて既存事業の収益性が上がったことで、新しいチャレンジを始める財源が生まれた」という話は、アトツギベンチャーの経営者から本当によく聞きます。未来に向けて、前に進むために必要なアクションとして取り組んでください。

14

「門外不出の歴史」を記録にまとめる

周年記念事業などで配布される社史は、社員との一体感を醸成し、取引先との信頼関係を強化します。ただし、こうしたオフィシャルな社史には、実は創業家が受け継ぐべき本当の歴史は載っていないことがあります。なぜなら本当の歴史とは、当事者だけにとどめ、なかなか社外に出せないところもあるからです。

「株を整理するために兄弟間で泥試合となった」「社員から訴えられた」「資金繰りに窮して自宅を手放した」「粉飾決算していた」「幹部社員が横領していた」など、門外不出の「黒歴史」とでもいうべき、リアルなエピソードこそ、創業家が語り継ぐべき歴史です。

長く続く会社は、こうしたさまざまな歴史から学んでいます。「親族が円満でいられるように株の相続の考え方にルールができた」「資金繰りでこんな工夫をするようになった」「社員とのトラブルをきっかけにこんな人事制度ができた」など、今につながっているキッカケや背景を知ることに意味があります。なぜなら、自らの手痛い経験から学んできた歴史を知らなければ、アトツギは同じ過ちを繰り返すかもしれないからです。せっかく先人がペインを伴って経験してくれた以上、未来のアトツギのためにも「教科書」として残しておきましょう。

さらに言えば、家業の歴史を通じてアトツギとしての覚悟を再確認することもできるでしょう。例えば家業の歴史を調べているうちに、古い写真も出てくることがあるでしょう。創業時の社屋や創業者、まだ若かった先代の姿などを見て、「エモい気持ちになる」のがアトツギなのです。

ある会社の場合、繊維の問屋業を創業した曽祖父は、大規模な貸し倒れに遭い、家路に向かう途中、船の上から身を投げようと考えたそうです。何とか思いとどまり、起死回生で始めた新規事業で再建できたのですが、その話を聞いたアトツギは、「家業の歴史が自分の命とすらつながっているように感じた」といいます。どの会社にも多かれ少なかれ、家族だけが知る物語があります。家業の歴史を知ることで「この会社を自分の代で潰すわけにはいかない」という気持ちが自然に湧き上がるのがアトツギです。

家業の永続に誰よりもコミットできるのは誰なのか。アトツギの覚悟を再確認する意味でも、家業の歴史は時間をかけて、探索してください。家業の現在を面で知ることはもちろん、家業の歴史を縦にもひもといていくことによって、家業が抱えている課題の解像度は上がっていきます。

15

創業者や先代の「年齢」を入れた沿革をつくる

会社の歴史に興味を持ったら、自分なりにまとめてみましょう。その時に私がお勧めしているのは、そのときどきの「経営者の年齢」を入れることです。会社の歴史のエピソードごとに「終戦直後に創業したおじいちゃんは何歳だった」「初めて家族以外の社員を採用したのは何歳だった」など、当時の年齢を記録していきます。

同族企業の場合、先代は父親だったり祖父だったりするので、絶対的に縮まらない立場と年齢の違いがあります。それでも年齢を入れながら代々の取り組みや事業の沿革を整理していると、自分と先代たちの距離が一気に縮まっていくでしょう。

「バブルが弾けて、主要取引先が吹っ飛んだ時の親父の年齢は、今の自分と同じ歳だった」「おじいちゃんが創業したのは戦後すぐ。焼け野原で商売を始めたのは20代だったのか」など、知らなかった先人たちのドラマに自分を重ねていくうちに、共感が深まるでしょう。

もちろん、この年表は一人では作れません。先代やベテラン社員の協力が不可欠です。丁寧にヒアリングを重ねるうちに世代を超えて歴史が共有され、お互いの距離が縮まります。すると、新たな歴史となる未来への目線が合ってきます。

会社の歴史を自分の言葉で語れるようになったら、周囲からの信頼も自分の説得力も自然に高まります。

もし新規事業や業務改善に先代や社員が反対しているなら、それは「これまでのことを何も知らないのに変えようとしている」のかもしれません。連綿と続いてきた歴史を知ることで会社の解像度も上がっていきます。

時代を超えて変えるべきではないこと、時代が変われば変えなくてはいけないことを整理して伝えることができるようになるでしょう。

沿革整理シートで自社を理解する

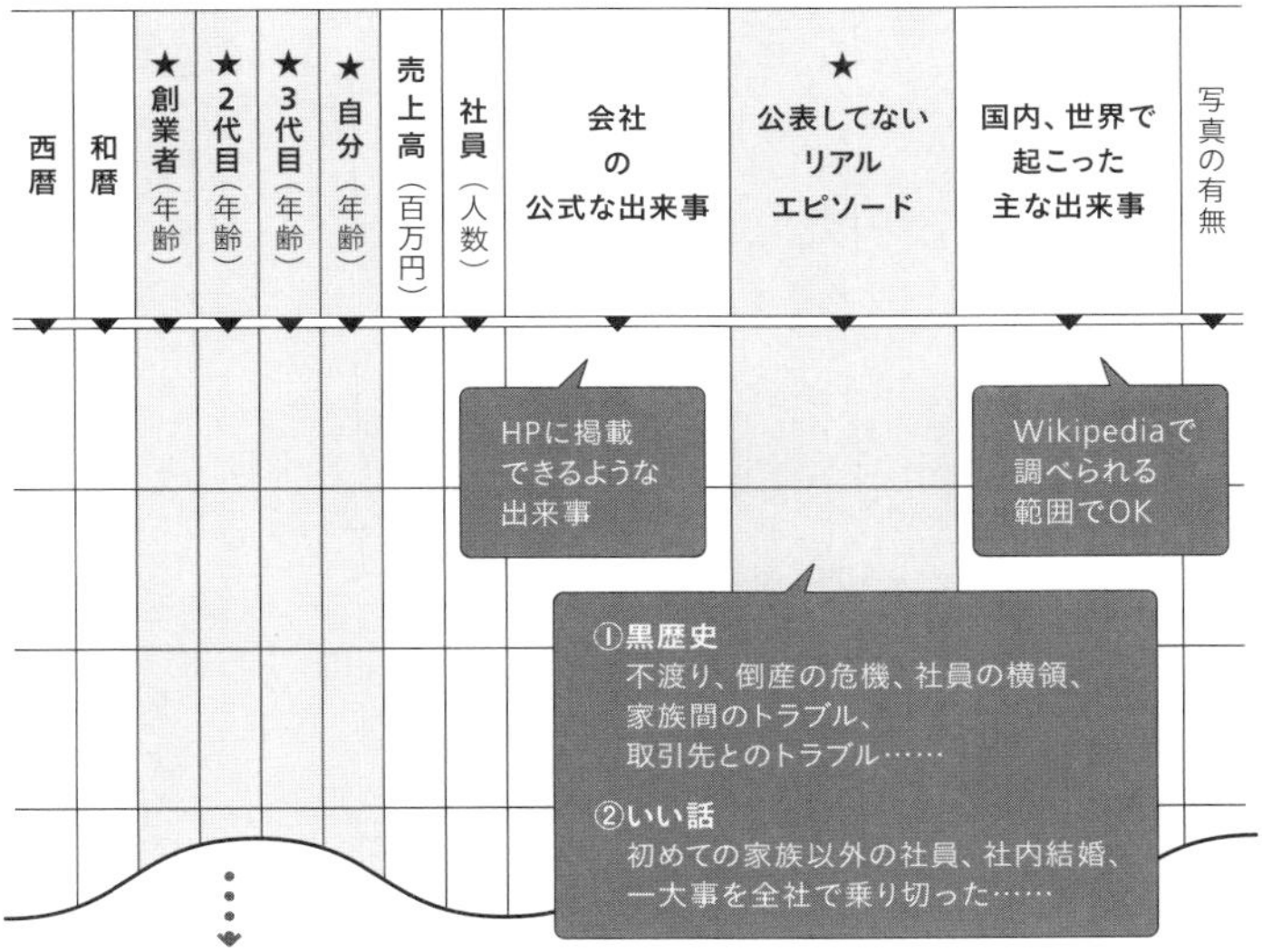

15

Case Study

3代目の窮地を救った豪傑創業者の泣き言日記

A氏
大阪府／建設業

創業者である祖父は、一気に会社を大きくした豪傑でした。アトツギのAさんは、いつも威張ってる祖父に、子どもの頃から萎縮していたと言います。

時は流れて、Aさんが37歳で3代目に就任した直後、取引先の談合事件に巻き込まれ、会社は1年間の営業停止となりました。今の窮地をどう乗り越えようかと考えながら、社長室を整理していた時、引き出しの奥から小さな手帳が出てきました。何気なくめくってみると、それは祖父の日記でした。いつも威張っていた祖父だっただけに、「どうせ武勇伝ばかりだ」と思ったAさんでしたが、読んでみると、そこには20代で創業したばかりの祖父の泣き言が延々とつづられてました。

「あの伝説のじいさんが？」。驚きと共に読み進めるうちに、Aさんは「じいさんから、頑張れと背中を押された」気がしたそうです。社内で「神格化」されるほど強いリーダーとして語り継がれていた祖父の意外な一面を知ったことで、「自分も今の窮地を乗り切れる」という「根拠のない自信が生まれた」のです。そして、営業停止の続く1年間、社内の改革にかじを切り、組織力を徹底的に強化しました。その結果、営業停止が解けた後は次々と新規案件を獲得し、一気に業績を取り戻しました。

アトツギは、とかく創業者や先代と比較されがちです。しかし、どんなに偉人に見える人も最初はただの若者だったのです。立場や環境が少しずつ経営者にしていっただけなのです。そう思えば、今は悩んでいるアトツギも何だか気が楽になりませんか。

ここで大事なことがもう一つあります。それは今をしっかり記録することです。現代を生きるAさんは、祖父がたまたま残してくれていた80年前の記録のおかげで、救われました。同じように「今」を記録しておくことが、未来のアトツギの背中を押すかもしれません。だからこそ、アトツギとしてのリアルな日常も何らかの方法で残しておくことをお勧めします。

16

「人生を棚卸し」して「自分らしさ」を知る

将来の業績をけん引する大きなファクターの一つは、アトツギ自身が「自分らしさ」を生かせているかどうかにあります。アトツギといえば、自分の好きなことや得意なことを封印し、家業に人生を捧げるというような犠牲感と使命感で語られることもありますが、これからの時代、それだけで会社を存続していく原動力にはならないでしょう。アトツギが社長に就任したとき、社長の自分が熱狂できない事業に、社員はついてきてくれるでしょうか。

アトツギが新規事業を考える時に、経営資源や会社の強みを見直すことは多いですが、あなた自身の個性や魅力について振り返る機会は少ないかもしれません。でも、この「自分らしさ」を言語化しておくことがとても大切です。

自分自身が得意なことは何か、学生時代の夢は何だったか、自分の強みはどういう時に発揮できるのか、などについて、ぜひ時間をとって振り返ってみてください。自分の意識で事業を立ち上げる創業者と違い、アトツギはある意味、「たまたまクリーニング店に生まれた」「たまたま親が工具商社だった」ことが理由で経営者になっていく人たちです。今の仕事にそれほど興味を持てないという人もいるでしょう。そんな家業を自分が熱狂できる領域に変えていくためにも、「自分らしさ」が何かを客観的に認知することが大切です。

それがないままに、思いつきのような新規事業に手を出してしまうと、ちょっとした障壁が現れたときに踏ん張ることができません。「絶対にやり遂げたい」と思えるような、何度失敗しても何度もチャレンジしたくなるような事業は何か。家業の業務内容に関係なく、自分自身が没頭して時間を忘れるほどのことは何か。無意識のうちに興味を持っている社会課題は何か。理想のリーダー像はどんなタイプか。どんなことに憤りを感じるのか。自分自身の歴史を振り返りながら、一つひとつひもといて自分の内面から出てくる動機を探りましょう。

手掛かりとしては、自分自身の歴史を振り返るところから始めるのもよいでしょう。そして小さい頃から、家業をどのように捉えてきたのか。自分自身の性格を形成した生育環境をじっくり見ていくと、アトツギとしての原体験や思わぬ気付きを確認できます。

「ライフラインチャート」で整理する

「自分らしさ」を知るために役立つのが、63ページに示した「ライフラインチャート」というツールです。幸福度を縦軸に、これまでの人生の主要なイベントを振り返り、自分にとっての一番良かった時期や悪かった時期、人生の転換期となった事象をプロットしていきます。就職活動中の学生もよく使う一般的な手法で、自分はどんなことに幸せを感じ、どんな世界が向いているのかを分析します。

ここでのライフラインチャートは、あくまでもアトツギとしての「自分らしさ」を知ることが目的ですから、家業で覚えていること、印象的だったことなどもプロットしていきます。私の大学の講座でも学生にライフラインチャートを課題として出すことがあります。「おじいちゃんの葬儀で知らないおじさんから肩をポンポンと叩かれた」「小学校5年生の時にお父さんとお母さんがお金のことでしょっちゅうけんかしていた」「工場に行くと社員の人に遊んでもらっていた」など、20歳前後の学生の場合も家業にまつわるエピソードがどんどん飛び出します。

今、家業で奮闘中のアトツギの多くは「継ぐつもりはなかった」と言います。それでもなぜ家業を継ぐことにしたのか。アトツギを意識した原体験はなんだったのか。経営者の子弟として育つ中で、抱いていたリーダー像とは何か、理想とする会社とは何か。これらを記すうちに自分と家業との関係が浮かび上がってきます。

ツールがあったとしても、自分自身を客観的に見るのは意外と難しいものです。一人で向き合うのが難しい場合は、アトツギ仲間と取り組んではどうでしょうか。自分がどんな場面で力を発揮し、どんなことがうれしいのか、どんな苦境なら乗り越えられるのか。自分らしい経営者像がおぼろげながら見えてきます。こうしてアトツギとしての自分を知ることが、家業の将来につながっていきます。

あるアトツギの「ライフラインチャート」

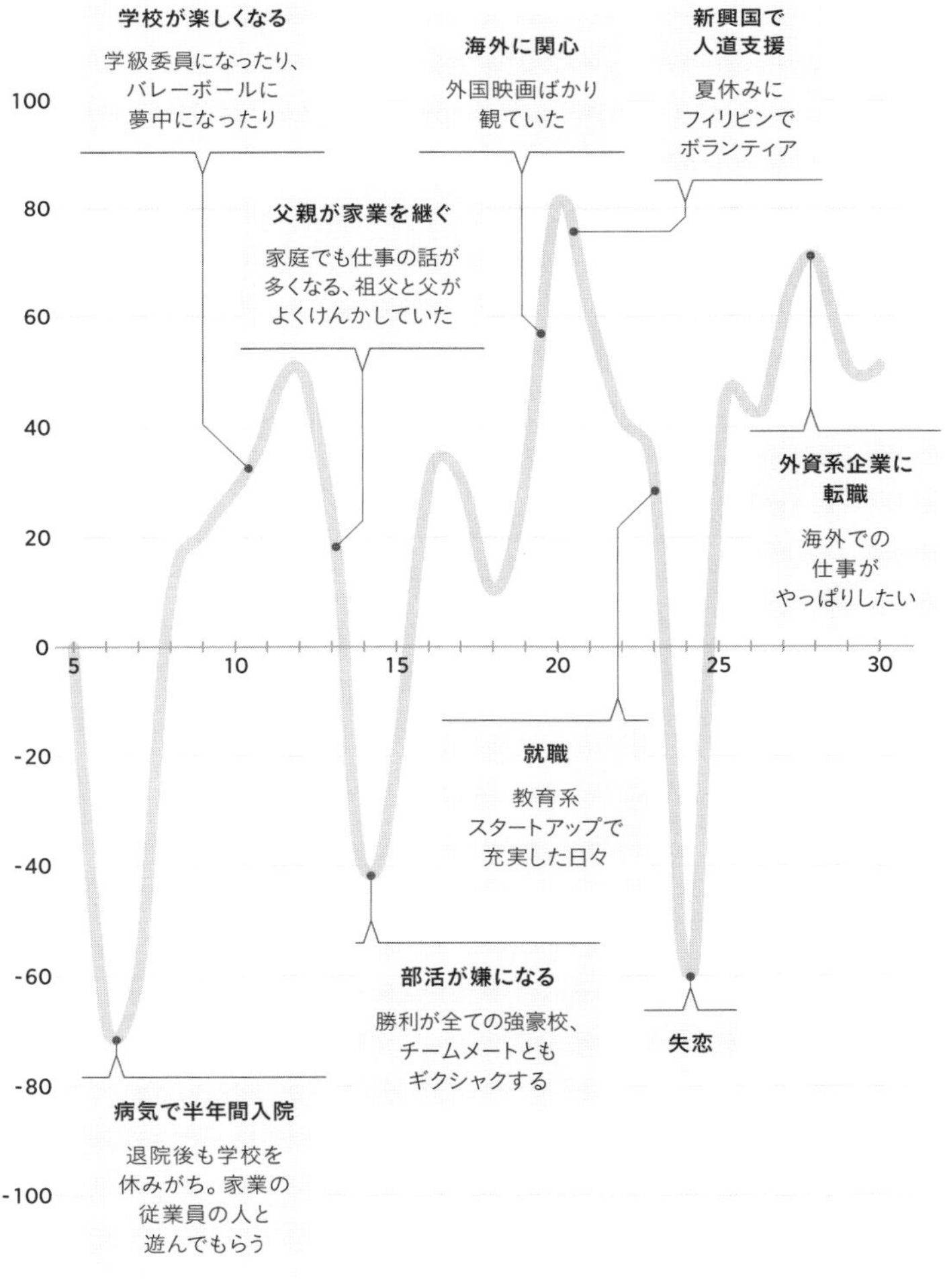
学校が楽しくなる
学級委員になったり、
バレーボールに
夢中になったり
海外に関心
外国映画ばかり
観ていた
新興国で
人道支援
夏休みに
フィリピンで
ボランティア
父親が家業を継ぐ
家庭でも仕事の話が
多くなる、祖父と父が
よくけんかしていた
外資系企業に
転職
海外での
仕事が
やっぱりしたい
100
80
60
40
20
0
-20
-40
-60
-80
-100
5
10
15
20
25
30
就職
教育系
スタートアップで
充実した日々
部活が嫌になる
勝利が全ての強豪校、
チームメートとも
ギクシャクする
失恋
病気で半年間入院
退院後も学校を
休みがち。家業の
従業員の人と
遊んでもらう

17

顧客から見た「経営資源の棚卸し」

家業に入ったばかりのアトツギは、自社の強みへの解像度が低く起死回生につながるようなアイデアがない一方、業界の常識や先入観もありません。まず、顧客の声にも耳を傾けてみましょう。

顧客は何かしらのメリットがあって、あなたの会社の商品やサービスに対価を支払っています。それは商品力や仕入れ、提案力など、どの部分に対して評価をしているのでしょうか。まずは顧客に直接聞いてみることで、会社の強みを客観的に把握することができます。

多くのアトツギベンチャーの経営者の事例を検証すると、顧客からの何気ない会話から着想を得ているケースは非常にたくさんあります。ある経営者は家業に入社した当時、現状への危機感を感じ、「何かを変えなければならない。そして何かを始めなければならない」と思うものの気持ちは焦るばかり。自社の強みも分からなかったそうです。具体的なビジネスアイデアもなかなか見つからない中「それなら既存事業の営業に回る中で、お客さんに聞いてみよう」と行動を起こし、それが次の事業につながったと言います。

長年の付き合いがある顧客からの「ところで御社でこんなことできませんか？」という問い

合わせや要望にも、さまざまなヒントが隠されています。提供する価値を顧客が評価しているからこその相談ですから、そこには自社で認識している以上の強みが隠れている可能性があります。一見「ムチャ振り」に見えることもあるかもしれませんが、同時にそれはアトツギにとっては大きなチャンスかもしれないのです。「できるできない」を即断せず、チャレンジしているうちに、その要望の背景の解像度も上がり、マーケットのトレンドも見えることがあります。

例えば、大阪のある表具店の4代目は、長年美術品の抗菌加工を行っていました。ある時、顧客である美術館から、美術品を抗菌する技術を空間にも応用できないかというリクエストがありました。断ることもできましたが、独自で開発を進めていたことで、コロナ禍で公共機関や交通機関に導入され、結果的に大きな売り上げを実現する新規事業につながりました。

製造業や加工業など、顧客と長い年月でリレーションを築く業界では、若いアトツギがいれば、その存在自体を強みとして感じてくれることもあるでしょう。「後継者がいないサプライヤーは、10年後の安定供給が見込めないから」との理由で発注量を減らしながら代替先となる工場を探す、というのもよく聞く話ですが、逆にアトツギが会社の顔となって会社のホームページやメディアに露出すれば、「永続させていく意思のある会社だ」という印象を与え、新規開拓や引き合いにつながるかもしれません。

18

「生産プロセスを棚卸し」し、分解する

自社の現状を把握するために、「生産プロセスの棚卸し」も欠かせません。ここでは、経営学者マイケル・ポーターの著書『競争優位の戦略』の中に登場する「バリューチェーン」に沿って整理する方法を挙げておきます。まず事業活動を大きく「主活動」と「支援活動」の2つに分類します。その上で、それぞれにひも付く各活動に対して自分たちの家業がどんな価値を提供できているのか洗い出していきます。(下図を参照)

「主活動」には、ビジネスにおける生産から消費までの流れに関わる工程を示し、

バリュー・チェーン概念図

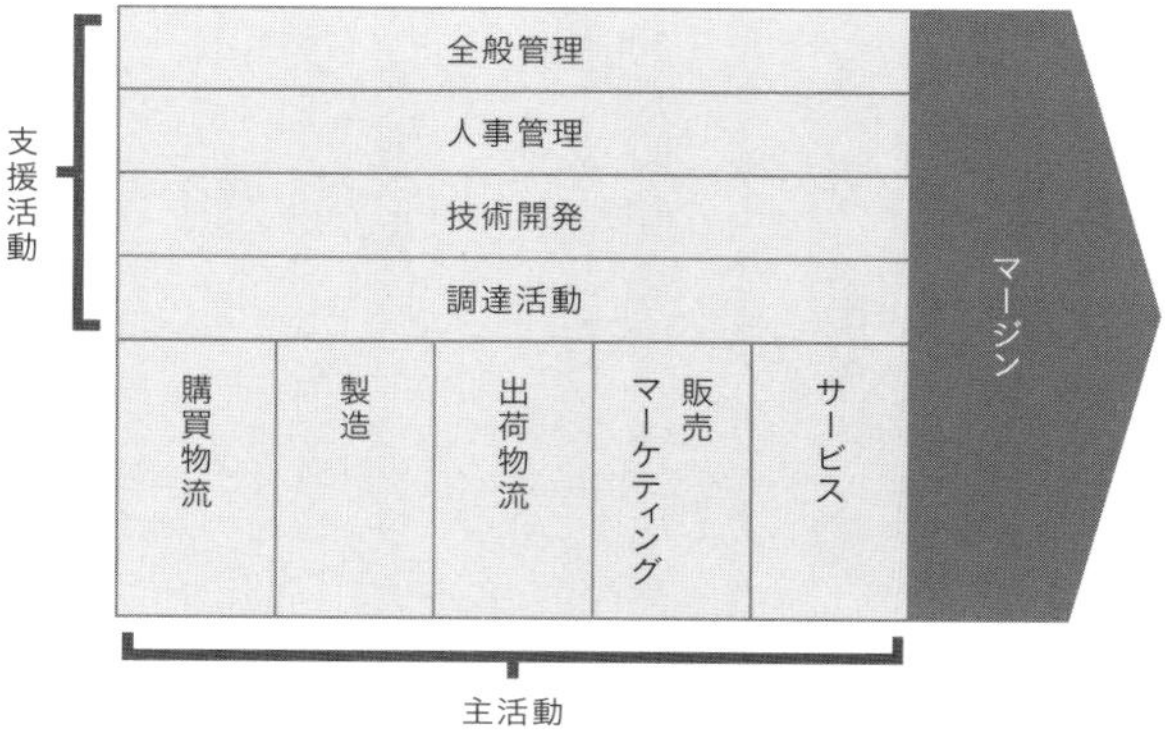

出典：『競争優位の戦略』M・E・ポーター著／
土岐坤、中辻萬治、小野寺武夫訳／ダイヤモンド社

商品の製造・開発やサービスの提供などが含まれています。ここでは「購買物流」「製造」「出荷物流」「販売・マーケティング」「サービス」を「主活動」として挙げています。

一方、生産から消費までの流れに直接関わらない活動は「支援活動」として洗い出していきます。「全般管理」「人事管理」「技術開発」「調達活動」などが対象です。例えば、顧客のニーズを一番把握できる営業スタッフや、優れた研究者、優れた技術を持つ人など、人のスキルや影響力も貴重な価値です。また、商社や問屋などは目に見える資源がなくても、培ったノウハウや顧客との関係性、社員の専門性や人間性なども入ってきます。自社に何もないと思っている人も細かく分解していくと意識していなかった強みが見えてきます。

また、ものづくり企業の場合は「製造」工程をより深堀りしましょう。顧客にとっては、その商品一つが価値ですが、工場の中には商品を作るための多くのステップがあります。例えば、紙袋を製造する場合。紙袋という製品には紙を仕入れる工程、紙を裁断する工程、紙を立体的に加工する工程、のり付けや立体整形などの工程、持ち手を付ける工程、印刷やコーティングなどがあります。紙袋を作るためにはこれだけの作業が必要であり、これらの分解された工程全てが自社の経営資源として捉えることができます。紙を立体にする工程は袋だけでなく容器にも応用できるかもしれません。紙以外の平らな素材も整形できるかもしれません。現時点で何に役立つかが分からなくても、細かく書き留めておきましょう。

19

家業を再定義する

現在のビジネスは少しずつ最適化されながらでき上がっており、先代や社員にはそれぞれの経営資源が「当たり前」である分、しっかり捉えにくくなります。アトツギだからこそ、ある意味で「ヨソ者」の視点を持って客観的に経営資源を分解することができます。

経営資源は有形のものだけでなく、自社の歴史や取引先との関係性、社員の能力、ノウハウなど無形のものも対象です。まずはできるだけ細かく書き出しましょう。強みや弱みは、時代によって変わる相対的なものであり、アトツギが目指す事業によって、それまでぱっとしなかった経営資源が輝く可能性があります。どのタイミングでどんな資源が生きてくるか分かりませんから、まずは書き出して、「棚卸し」することからスタートしましょう。例えば、靴下製造なら「ベビー用の靴下を作れる装置がある（有形のアセット）」だけではなく、「足を護るためのナレッジがある(無形の知識)」「伸びる細い糸を編む技術がある（無形のノウハウ）」と分解していけば、靴下の製造以外に事業の可能性はもっと広がります。場合によっては、この過程を経て再定義した家業は「足から健康を支えるライフサイエンス事業」かもしれないし、「医療の現場を支える新素材メーカー」かもしれません。

滋賀県米原市のナンガは、もともと祖父が創業した布団製造業でしたが、3代目の横田智之さんは新規事業に取り組み、登山家向けの寝袋やダウンジャケットのブランドをはじめ、スリープテック事業を展開しています。創業以来「人の身体を温める商品」という軸足は変えず、闘う市場はどんどん変遷しているのが特長です。福井市のホリタ文具の堀田敏史社長は、「子どもが喜んで文具を買う空間」という無形の経営資源を軸に、文房具販売業を「親子が楽しい時間を知的に過ごせるエンターテインメント事業」に再定義しました。現在、福井県下に6店舗を展開し、週末には多くの家族連れでにぎわっています。西陣織の帯の下請け製造業を継いだミツフジ（京都府精華町）の三寺歩社長は、先代が開発していた導電性繊維に着目し、自社をウェアラブルデバイスの開発企業として再定義しました。表面的に検証するだけだと現在の業態や市場にとらわれてしまいがちですが、経営資源を細かく分解していくと、事業展開の可能性が広がります。

経営資源の棚卸しと家業のビジネスの再定義は、これからの時代を担うアトツギしかできないことかもしれません。それでも、棚卸しは、家業の歴史を築いてきた人々に丁寧に話を聞きながら、共同作業として進めましょう。財務諸表など定量的なデータだけではなく、先代、ベテラン社員、取引先、金融機関、家族ら、会社に関わる人々が持つさまざまな情報に本当の経営資源が隠されているからです。

20

時代の風が読める体質になっておく

歴史を面白く学ぶことで人気の「コテンラジオ」の深井龍之介さん（79ページ）によると「現代は人類史上最大に変化が大きい」ようです。どんどん登場する最新テクノロジーはもちろん、個人のライフスタイルから世界情勢までがどんどん変化しています。ぼんやりしていたら、あっという間にこの大きな波の渦にのみ込まれるだけです。

だからこそアトツギは社長になるまでに、いろんな業界や分野のニュースを見るたびに「10年後の世界はこうなっている」と予測する習慣を付けましょう。ふだんから時代の風にアンテナが立っていて、回遊魚のように動き回っていれば、自然に変化の波に乗ることができるはずです。波にのまれるのではなく波に乗る。そのための体質をつくり込んでおけるのは若い時だけであり、次代のバトンを受けるアトツギの重要な役割の一つです。

ある自動車パーツ販売の3代目アトツギ社長は、先代のビジネスを2桁成長させていますが、自分の行動パターンを「異常な好奇心」と呼んでいます。確かにその言葉通りに、自社の業界であるかどうかに関係なく、関心があるテーマであれば、どんどん足を運び、話を聞きにいくのです。あらゆる領域の新ビジネスや社会情勢に対して「なぜこの状況が起こっているのか、そして将来どうなりそうか」を自分自身の視点で言語化するようにしているそうです。

印象的だったのは、「これは先天的な才能ではなく、訓練で身に付けられる能力」だと言っていたこと。いわば、毎日の筋トレを重ねながら少しずつ筋肉質な体質になっていくようなものです。日頃の行動パターンを意識して変えたことで、現在の業績を実現しました。できることからでいいので、少しずつアンテナを張ることから始めましょう。

また、時代の変化に対して自分の会社はどう影響を受けるのかをひも付けて考えるようにしましょう。

例えば「電気自動車の時代が来る」「宇宙産業が活発化する」などのように、ざっくりしたことを想起するだけでは訓練になりません。むしろ、「電気自動車の時代になったらうちのクリーニング屋にどんな影響があるのか」といった具合に「風が吹けばおけ屋がもうかる」的に、複数の事象が連鎖して自分のビジネスにどんな影響があるのかを想像する。そんな感性がこれからのアトツギには求められています。たとえそれがSFまがいの妄想でも構いません。いや、これからの時代、むしろSFまがいの妄想くらいで「ちょうどいい」のかもしれません。

21

アトツギの強み「時代観」を磨く

業界の知識も経営者経験も不足しているアトツギにとって、「先代より最も優位に立っている」ところはどこでしょう。私は「時代観」だと思います。

先代世代は、既存の事業でそれなりにキャッシュは回っているため、現状維持のバイアスがかかりがちです。新しいことにチャレンジするのが難しくなるだけではなく、自分たちの世界と社会のギャップに気付きにくくなっています。しかも、50代以降は「あと数年なら今のやり方でなんとかしのげる」と思っている「逃げ切り世代」です。

一方、アトツギは今から20年、30年と会社を存続させることになります。家業が斜陽産業で若い社員の採用も難しくなっているかもしれません。それならば若い世代のアトツギの存在は何よりも経営資源です。この時代に育った若い世代ならではの社会的な関心や時代感覚を存分に生かしていきましょう。環境に配慮した製品の開発や、クラウドサービスを活用した業務の効率化、技術や生産財の会社であってもSNSを使ったマーケティングを展開するなど、時代観を捉えた事業や売り方は、先代に理解してもらうのはなかなか難しいかもしれません。それでもこれからの会社を担うアトツギとして、この時代を生きる若者として、日々の生活の中で抱く自分の時代観を信じ、レガシーな家業に反映していきましょう。

そのためには日頃からさまざまなメディアで最先端の情報に触れることで、常に自分自身をアップデートしていきましょう。「地方にいるから」「斜陽産業だから」は言い訳になりません。今は、キュレーションメディアなど、情報をバランスよく取得できるツールがあふれる時代です。あえて家業に無関係なものも含め、ランダムに情報収集しましょう。そのうち、自分が特に関心を持つテーマが明らかになってきます。「無意識のうちに海洋プラスチックの記事を読んでいた」「宇宙産業のニュースに毎回ワクワクする」など、なぜ自分はそのニュースに関心を持ったのかを同時に書き留めることによって、家業に関係なく、自分自身が熱意をもって取り組めるテーマの傾向を知ることができます。

これからの時代は、社会性のないビジネスは継続できないといわれています。「もうかりそうだ」という単純な動機付けでは、障壁が現れた時に乗り越えることができないでしょう。また、「もうかるビジネスだから」集まった仲間はもうからなくなったら離れていくものです。自分自身の興味関心をもとに、社会のペインやニーズに触れていくと、独自の世界観を持つことができます。それこそが、今からアトツギが何年もかけて取り組む新規事業の基盤となります。

22

自分が熱狂できる領域を開拓する

ビジネスはどこまでいっても感情を持つ人間の営みです。一見、無関係なものに見える世界を混ぜ合わせていく。そこにアトツギならではのイノベーションが生まれます。

アトツギの場合、起業家と違い、「たまたまその事業をやっている家庭に生まれたから」会社を継ぐのであって、その事業が好きなわけではないという人がいるかもしれません。また「本当にやりたかった好きな道を諦めて、家業を継ぐ」という犠牲感を持つ人もいるでしょう。それでも今は「家業を継いだからやりたいことを諦める」時代ではありません。自分が得意なこと、興味があること、熱狂できることに「家業のほうを寄せていく」感覚を持ってください。

なぜなら「楽しい」と思う気持ち、は利益を生み出す最大の源泉になるからです。そもそも社長が楽しいと思っていない事業を社員が楽しいと思えるはずがないのです。もちろん事業である以上、逆境も障壁もあるでしょう。それでも、しんどいけど楽しい。その状態に持っていくことができたら、経営者も会社も強くなります。

それでも「自分がそこまで好きと言えるものはない」という人は、例えば社会課題から考えてみるのもいいかもしれません。世界はさまざまな社会課題にあふれています。少しでも気になる社会課題があれば、それは「自分らしさ」をひもとく鍵になります。その課題と家業の接点がないか考えてみる。そんなところからスタートしてみましょう。

ある防虫資材の卸会社の社長は、学生時代は「発展途上国の支援をしたい」と考え、外交官を目指していました。その後、金融機関での勤務を経て、結果的に害虫駆除商材を扱う家業を継ぐことになりました。防虫の専門集団として開発商社へとダイナミックな業態転換を果たすことによって、業績を大きく拡大しています。

同時にこの社長は、虫を媒介して感染が広がるマラリアの対策に、培ってきた知見とノウハウが生かせるとしてプロジェクトを立ち上げようとしています。外交官にはなりませんでしたが、「途上国の課題を解決する」という夢を家業で実現しようとしています。

もちろん最初からやりたいことを家業で実現するのは難しいでしょう。それでも自分で熱狂できる領域を開拓し、そこへの接続を意識し続けることが「家業に寄せていく」ことの一歩になります。

23

どんな会社を目指すのか、ありたい姿をイメージする

アトツギが目指すべき家業の成長の在り方を、私は3種類を定義しています。上場を目指す「(株式公開による)エグジット型アトツギ」、あえて未上場にこだわりながら規模は拡大し、地域の雇用や税収に貢献する「地方豪族型アトツギ」、規模の拡大を追求せず、収益性と独自性の高いビジネスモデルでしぶとく生き残る「ランチェスター型アトツギ」です。

私は事業開発を目的とした研修などで出会うアトツギたちに「現時点で、この3種類のどれを目指しているか」を聞くようにしています。もちろん、それぞれの会社のステージや状況によって変化していく前提です。「最初は地方豪族型だったが、そのうちランチェスター型に変わった」「エグジット型から地方豪族型に切り替えた」といったことはよくあるし、多くのアトツギベンチャーの経営者も目指す姿を変化させながら今に至っています。大切なのは社長になる前のアトツギ時代から目指す姿を常に意識しながら歩んでいるかどうかです。

アトツギの場合、一番近い経営者は先代ですが、先代との比較だけでは、目指す姿を定めるのが難しいものです。そこで、なるべくたくさんの先輩経営者と話をする機会をつくってください。

　ここで大切なのは、いろいろなタイプの経営者と話すことです。共感できそうな人だけではなく、自分とは正反対のタイプに見えたり、組織づくりや事業のつくり方についても、全く違う意見を持っていそうな経営者の話も聞くことです。これは自分の目指す姿が共感と同時に、共感できないことからもクリアになっていくからです。話を聞いているうちに感じた違和感から「目指したくない」会社の姿が明確になり、ここからも「目指したい」会社の姿への解像度が上がります。

　この人の話を聞いて、自分はなぜ共感するのか。なぜ違和感を感じる

会社の成長と永続にコミットする
中小企業の後継者

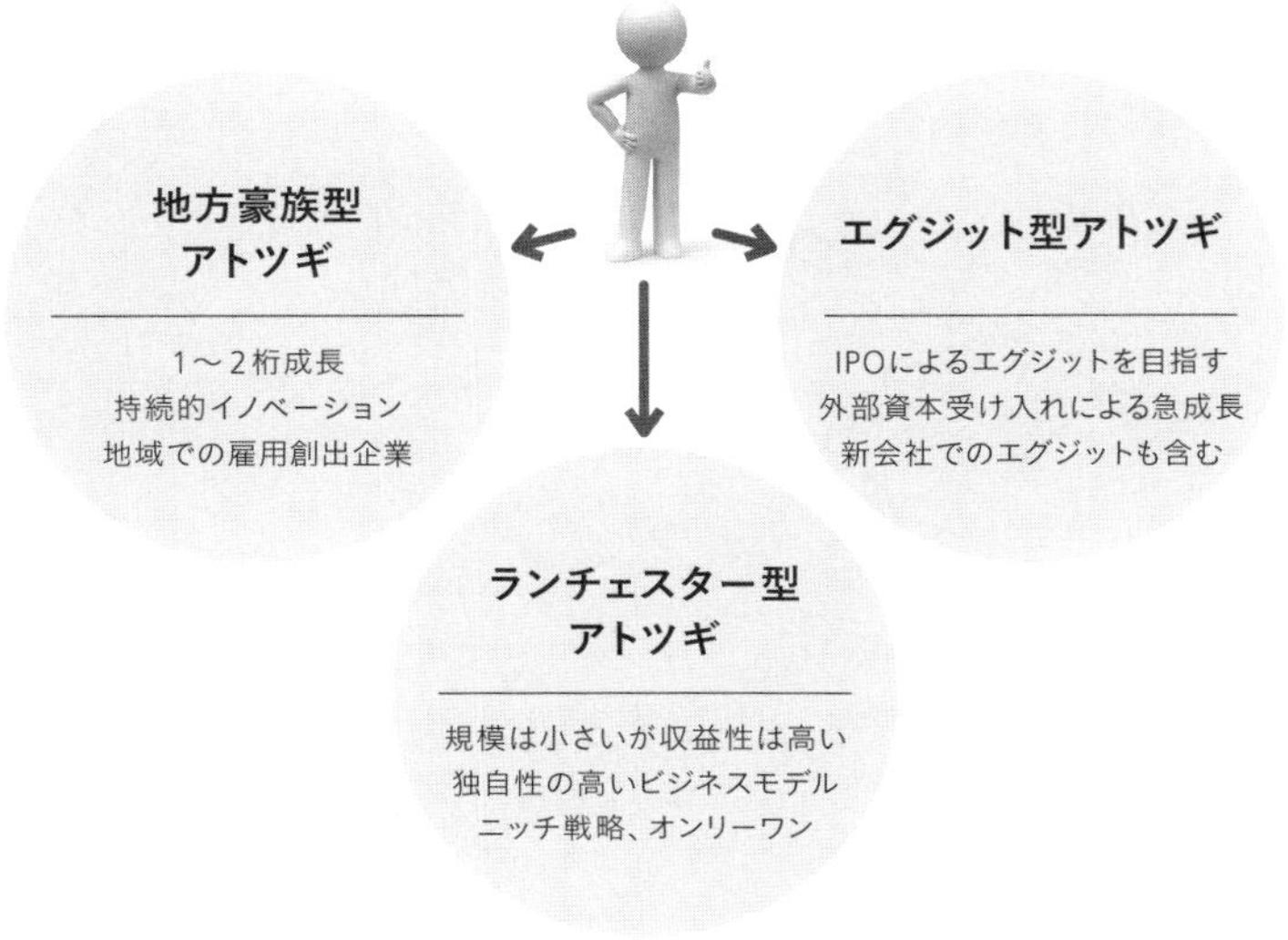

のか。それを言語化していく中で、自分が目指す会社や経営者像がどんどんクリアになっていきます。

アトツギはスタートアップと違って、既存事業を築いてきた先代やベテラン社員との間で、自分らしさを見失いがちです。同じように迷走しながらも自問自答を繰り返して「自分らしいリーダー」像にたどり着いた先輩の話を聞くだけでも勇気がもらえます。

成長性のある事業に絞って株式公開をしてパブリックな会社を目指したい。地域の若者が憧れて入る会社にしたい。トップダウン型の先代とは違って自分はボトムアップ型の組織をつくりたい。社員が家族に自慢できる会社にしたい。規模の拡大よりしぶとく生き残る強い会社をつくりたい。アトツギの数だけ目指す姿は違います。

社長に就任する前から、自分はどこを目指すのかということを常に自分自身に問いかけ、言語化する習慣を付けていってください。自分自身でイメージできないこと、言語化できないことは実現できるわけはありません。言語化することで、明日の小さなアクションにつながり、目指す姿に一歩ずつ近づいていくはずです。

対談 2

コテンラジオ

深井龍之介氏
×
山野千枝

対談のお相手

深井龍之介氏
島根県出身。九州大学卒業後、大手半導体メーカーに入社。その後リーボに取締役、ウェルモにCSO（チーフストラテジーオフィサー）として参加。2016年に歴史をドメインとしたCOTENを設立。「歴史を面白く学ぶコテンラジオ」がポッドキャストで人気

アトツギは歴史に何を学ぶべきか

ポッドキャストで人気を集める「歴史を面白く学ぶコテンラジオ」の深井龍之介さん。「会社の歴史」に向き合う機会が多いファミリービジネスのアトツギには、深井さんのファンがたくさんいます。激動す

る世の中と家業の現実の間で葛藤するアトツギに向けて、歴史をひもとく価値について語っていただきました。

山野千枝（以下、山野）：深井さんは歴史を学び相対評価することで、自分の現在地を確認でき、行動に生かせると説いています。どうしたらそれが実践できるでしょうか。

深井龍之介氏（以下、深井氏）：やはり、勉強することではないでしょうか。勉強といっても受験生のように毎日何時間も机に向かう必要はなく、まずは勉強し始めることが大切であり、同時に生涯学習的に継続することが大切だと思います。それは座学でなくても、他のアトツギに話を聞くのでもよいと思います。インプットすることが大切です。私は「自分の経験で何とかしない」がすごく重要だと思っています。

山野：前回、早稲田大学の入山章栄教授と話したときも、同じようなことをおっしゃっていました。

深井氏：本当にそういう時代だと思います。アトツギに限らず、知の探索が社会的に価値を持つ時代に突入し、それに取り組む人とそうでない人に大きく分かれてきています。勉強は何歳からでも始められますから、勉強のために時間とお金をきちんと使うべきです。

山野：歴史上の人物はアトツギにとって一種のケーススタディーになるからなのか、関心を持つアトツギが多いと実感しています。「好きな歴史上の人物」について語る時には、「自分もこうなりたい」「自分と似ているところがある」など、自分の姿を投影して考える人が多いと思います。

深井氏：歴史に対しては知識を身に付けるというよりも、学ぼうとするモードに突入することに価値があると思います。学ぶことは、外の世界に狩りへ出掛けるようなもので、学ぶモードに突入しているからこそ、ひらめきや突破口につながります。受け身の姿勢で待っていても何も起こりません。外の世界から学ぶことを「ムダだ」とする感覚の人もいるようですが、こうした人ほど勉強したことがない人だと思います。

フリードリヒ大王の苦悩とアトツギ

山野：多くのアトツギは家業を引き継ぐ難しさに直面します。「引き継ぐ」難しさは、歴史に名を残す人たちにもあったのでしょうか。

深井氏：例えば、プロイセンを統一したフリードリヒ大王は跡継ぎとしての苦悩が深い人物でした。啓蒙（けいもう）主義に傾倒し理性に基づいた国家経営を画策していましたが、軍人王と呼ばれた先代の王である父が整備した強大な常備軍を引き継ぎます。そして、理性を重視する、多様な人を受け入れるなどの啓蒙主義に基づいた文化は残しながら、生き残り策としての富国強兵によってヨーロッパの強国にのし上がりました。その意味で、フリードリヒは改革者でありアップデートする人だと思います。2代目、3代目はとかく軽視されがちですが、歴史を勉強する限りにおいて、やはりそこにはアトツギならではの大変さがあると思います。

山野：「本当はゲームの開発をしたかったが、金属加工の会社を継がなければならない。だから好きなことはあきらめる」といったアトツギがいますが、こうした人はフリードリヒのエピソードを知れば、「自分らしさは家業でも生かせる」と思えるのではないでしょうか。特に今のような不確実な時代に生きていくアトツギは、「真面目に頑張っていれば大丈夫」が通用しません。フリードリヒがプロイセンに自分の強みを生かしたように、アトツギは一見家業に関係なさそうな自分の強みを家業でも生かすべきです。

深井氏：「自分はゲーム開発が好き」と「アトツギに生まれた」をマージできるのは、アトツギである自分だけです。マージするところまでいくにはきちんと考えたり苦しんだりする場面があり、2つをどう統合するかはにわかには出てこないと思いますが、抽象的なレベルにまでいったらマージできるはずです。

山野：抽象化と具現化を繰り返して「反復横跳び」しているうちに、いい頃合いのポイントが見つかるのかもしれないですね。

世界の歴史も自社の歴史も学ぶ

深井氏：「自分の強みを生かす」ことと「家業を引き継ぐ」ことをマージするには、やはり家業について知らないといけないと思います。これは「自分について知ること」がそれだけ大切になっているからです。

今の世の中はHow toがもてはやされていますが、私から見るとそこにはあまり価値がないと思います。How toを知っても何の成果も出せない時代に突入していて、そこではむしろWhatとWhyがきちんと理解できているかどうかが問われます。つまり、「自分が何者か」「なぜそれをしているのか」を知ることが第一歩になるのです。

ただ、それは自分の会社の歴史を勉強しただけでは分かりません。社会の勉強もした上で、自分の会社の勉強もしないと分からないくらい難しいのです。よく海外旅行で例えるのですが、日本から1回も出たことがない人には日本のことが見えにくい。同じように、自分の会社以外のことを知らないと、自分の会社のことが見えにくいのです。

自分たちのようなルーツを持った組織が、何をするのがこの社会にとってベストかという問いに答えるには、自分たちのことも社会のことも知る必要があります。この問いに答えられる企業以外が滅んでいく時代に突入しています。

山野：世界の歴史も、自社の歴史も、同じように学んだほうがいいのですね。

深井氏：現在起こっていることを勉強するだけでは今のことは分かりません。より深く理解するのは広く歴史を学ぶべきだし、同時に自分の会社についても学ばなければならない。途方もないことだと思うかもしれませんが、そういう時代に私たちは生きています。

山野：フリードリヒについて「アップデートする人」と指摘されましたが、アトツギも同じで、自社の事業を時代に合わせてアップデートするのがその役割です。逆に言えば、家業の在り方を無視していては、何も生まれません。

深井氏：家業を生かすには「本質的な価値は何か」を踏まえる必要があります。例えば家業が「まんじゅうを売っている」だとしても、世の中にはまんじゅうを売っているところはたくさんありますから、それだけでは家業の説明にならない。そこから「では、自分の家業にはどんな特徴や強みがあるのだろうか」という新しい問いが生まれるのですが、本質的な価値を考える点においては、アトツギは創業者とあまり変わらないと思います。

一方で違うのは、アトツギには先代までの事業の歴史があることです。「どういうルートでここまで来たのか」を知り、自分の強みとマージできるのはアトツギだけです。

山野：ある経営者は建設会社の3代目なのですが、創業者である祖父は「伝説の事業家」といわれていました。でもある時、たまたま社長室を整理していたら祖父が創業時に書いた日記が出てきて、読んでみたら弱音と泣き言のオンパレード。その日記を読んだタイミングがちょうど、この会社が取引先のトラブルに見舞われてピンチに陥った時でした。豪快なリーダーとして知られていた祖父の意外な一面を日記を通して知った3代目は「自分もこの窮地を乗り切れる」と思ったそうです。

例えば今ロボット開発に取り組む会社のルーツを遡ると鍛冶屋だった、ということがありますが、先端のビジネスを手掛けているアトツギも創業期の写真を見たら「自分の命がここにつながっている」と感じ、何ともいえないエモい気持ちにもなるでしょう。会社の歴史を調べるプロセスで、自分自身の根っこにある永続へのコミットメントを確認できるのは興味深いことです。

世の中は激変しているため、連綿と続いてきた会社の歴史を振り返ると、ずっと順風満帆だった会社はありません。どういう局面でどういう危機をどう乗り越えてきたのかを知っていく中で自分たちの会社はどういう強みがあるのかが見えてきます。こうした無形の財産でもある会社の強みを確認する作業が歴史を知ることだと思います。深井さんは歴史を語るとき、どんなことを意識しているのでしょうか。

歴史に学ぶ引き継ぎ方

深井氏：なるべくいろいろな意見を集めることを重視しています。ファミリービジネスの場合ならば、創業者からどう見えたかと、他の人にとってどうだったのかでは違いがあるはずです。私はどれか1つが正解なのではなく、全部が正解だと思います。どんな社会状況にあったのか。周囲にどんな人がいたのか。その中でどう行動をして周りはどう見ていたのか。それらを複合的に見るべきです。

山野：自社の歴史を複合的に見るのは、アトツギにとっても有効だと思います。実際、世界中でビジネスを展開する、ある著名なファミリービジネスの経営者は、ファミリーのビジネスに加わるとすぐに、創業家の一員として自社の歩みを自分で調べ上げた、と聞きました。

深井氏：アトツギにはそれぐらいの覚悟があったほうがいい、と思います。昔のことは話を直接聞ける対象と残っている史料が少ない分、難易度は高いのですが、それでも例えば自分の代の顧客と同時に2代前の顧客にも話を聞いたり、従業員や幹部に聞いたりしていく中で自分の家業とは何かが鮮明に見えてくると思います。

山野：アトツギは、家業の歩みを知る人ほど「ファミリーのビジネスを過去からも未来からも預かっている」意識を持ちます。バイアウト（事業売却）に抵抗感を持つ人が多いのも、それが理由かもしれません。自社の歴史を知ることで、自分の中に生まれる、存続への覚悟を確認するのでしょう。

それでも新しいことにアトツギが取り組もうとすると、先代などから反発が起きることがあります。歴史上の人物はそんなとき、どうやって乗り越えていったのでしょうか。

深井氏：答えるのが難しいのですが、歴史から言えるのは自分の勢力をつくることだと思います。アトツギの場合ならば、継ぐ前に「自分の部下」をつくっておかないといけない。古い勢力から反発を食らうのは当たり前だから、それを乗り越えろという考えもありますが、古い勢力からどうやって移管するかも考えておく必要がある以上、自分の勢力はやはり必要だと思います。

同時に重要なのは、最終的に組織内のコンセンサスを得ることです。歴史から分かるのは、意見の分かれた組織はつぶれていくし、意見をまとめた組織が生き残っています。議論がされるのは健全ですが、意見が分かれたままコンセンサスが取れないのはかなり不健全であり、組織がなかなかパワーを発揮できません。

事業承継をパターン化する

山野：事業承継というと受け身と捉えられがちですが、私たちは組織名を「ベンチャー型事業承継」とすることで、普通の事業承継とベンチャー型事業承継があることを際立たせたい、と考えました。アトツギは、スタートアップと同様に、未来の経済社会の重要なプレーヤーですから。

深井氏：アトツギだけの文脈だと「頑張れ」という精神論的な話になってしまうため、山野さんのようにコンセプトを掲げるのはよい方法だと思います。

私たちは歴史についてのデータベースづくりを進めようと思っています。これを使えば例えば、「人類史上、どんな事業の承継の仕方があったか」といったことも分かるようになると思います。事業の承継はうまくいかない場合も含めると、私たちがこれまで確認しているところでは5パターンがあります。「普通に継承」「中継ぎになる人を入れる」「アトツギ以外に継がせる」「奪取される」「継承できない」で、今後整備が進めば、それぞれのポイントも見えてくると思います。

3
章

家業で
新しいビジネスを
創る

24-36

ここからは10年後、20年後の会社の売り上げの柱となる新しい事業の種について、アトツギが社長に就任する前から事業化に着手していくためのプロセスを考えていきましょう。

まず私たちが提唱する「ベンチャー型事業承継」を改めて定義しておきます。

ベンチャー型事業承継とは、若手後継者が世代交代を機に、先代から受け継ぐ有形・無形の経営資源をベースに、新規事業、業態転換、新市場参入など、新たな領域に挑戦することで、永続的な経営を目指し、社会に新たな価値を生み出すことです。

「ベンチャー」という言葉に、IPOを目指したり、独自性の高いビジネスを志向するアトツギのことを想起する人も多いのですが、必ずしもそうではありません。もちろん私たちの周りには、株式上場を果たしたり、独創的なビジネスモデルで勝負しているアトツギ経営者もたくさんいますが、地味な戦略を重ねて地道に成長している会社がほとんどです。

ここで重要なのは「永続的な経営を目指す」という点です。株式公開やバイアウトなどのエグジットを目的に、短期間での急成長が求められるスタートアップとは、根本的に考え方が違います。

同族企業の場合は、存続を優先するので、急成長・急拡大はむしろリスクと考えます。その分、打ち手は一見、地味かもしれません。投資家にとっても魅力的には映らないかもしれません。それでも「会社を潰さない」ために「世の中に必要とされる会社であり続ける」ために、結果的にイノベーションが生まれるのです。私たちの生活を豊かにしている製品やサービスの多くが、こうした同族企業から生まれてきました。

変化がますます大きくなるこれからの時代を生きるアトツギには、既存の経営資源と自分自身の強みに加えて、これからの時代の風を読んで、少し先の未来にアンテナを立てながら事業を創っていく必要があります。

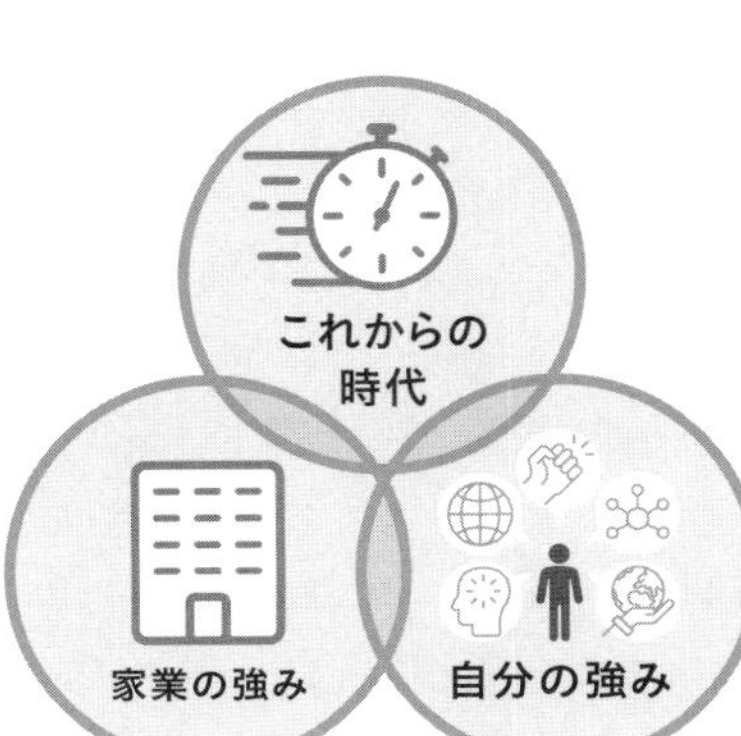

24

新規事業だけがイノベーションではない

ベンチャー型事業承継は、新規事業だけを指すものではありません。「イノベーションは新結合だ」と説いた経済学者のヨーゼフ・シュンペーターが「イノベーションが起きる5パターン」として定義した類型は、そのままベンチャー型事業承継にも当てはまります（次ページ参照）。

事業そのものは変わっていなくても、アトツギが組織や生産方式を改革することで利益率が上がり、事業が成長する。新規性や独自性の高いビジネスモデルを展開しているアトツギばかりが注目されがちですが、こうした事例もベンチャー型事業承継の事例です。

さらに、新規事業に充てる財源が十分なく、「業務改革を進めて収益体質を改善するほうが優先度が高い」という人も多いでしょう。それでも自社の業務改善プロセスをサービス化して他社に販売する新規事業に結果的につながったケースもあります。自社を実証実験フィールドとして活用できること、自社を見学してもらった上で導入を決めてもらえるなど、一般的なIT企業などと比較してもアドバンテージが大きく、業務改善から新規事業につながる可能性があります。突っ張り棒の専業メーカーからライフスタイルの提案企業へと展開したことで知られる平安伸銅工業（大阪市）の竹内香予子社長も、「既存事業の収益性を上げて、新規事業の財源に充てる」ため、家業に入って最初に取り組んだのは業務改善でした。遠回りに見えますが、業務改善を通して既存事業の解像度を上げることで、新規事業の打率も上がったといいます。

竹内社長が興味深いことを言っていました。「目の前の課題が山積みだから回り道をしているように見えても、横から見たら確実に上に昇っている。アトツギの新規事業はスパイラルアップだ」。地味でも行動を起こし続けた先に商機がある。これは結果を出している経営者に共通していることです。

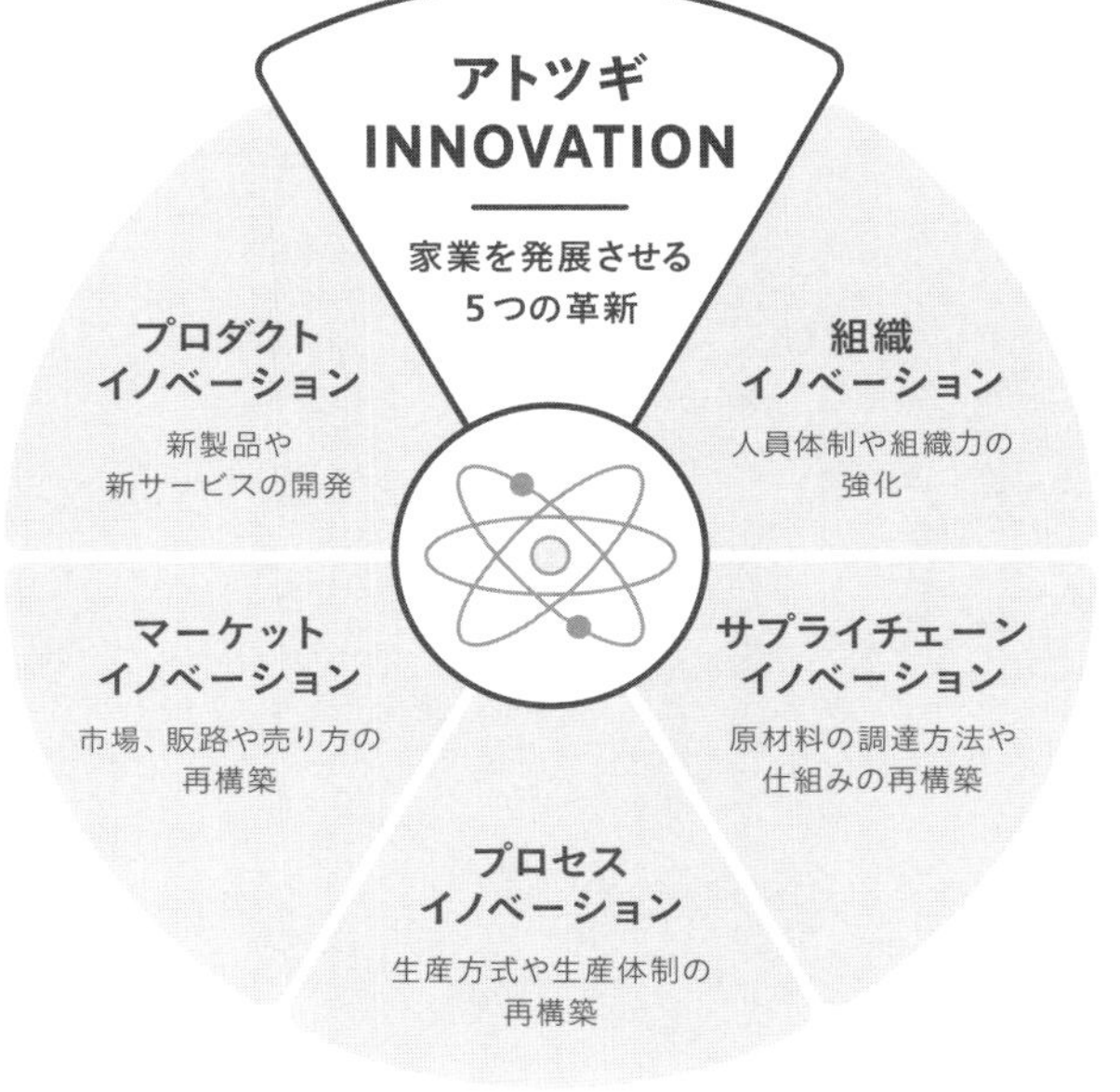

25

「隣の領域」を狙う

アトツギが新規事業を生み出す場合、既存事業の強みを生かすのが大前提です。これは既に経営資源を持つことがスタートアップと比べて、圧倒的なアドバンテージであるからです。ここでいう経営資源とは単に現預金のようなアセットだけではなく、技術やノウハウ、取引先のネットワーク、ブランドなどなど、時間をかけて築いてきたもの全般を指します。

逆に言えば、既存事業と全く関係のない領域でいきなり挑戦しても、強みが生かせないので、うまくいく確率は低いでしょう。「金属加工の会社が突然飲食店を開業する」などは、経営者の趣味の範囲ならば構いませんが、新規事業となると社員や関係者の理解も得られず、また、シナジーのない両事業の間で経営者としての意識も分散してしまいます。既存事業の強みを生かせる領域に進出しながら、少しずつ少しずつ行きたい領域に近づけていくのが王道です。

アトツギの場合、スタートアップと違い、既存事業でキャッシュが回っているので、新規事業は、開発にも事業化にも時間をかけられるのもアドバンテージです。かといって悠長に構えているわけにはいきません。社員の皆さんが頑張って出した既存事業の収益を1円も生み出さない新規事業の財源にずっと使われているとなると、社内の理解も得られなくなります。

収益性や実現性の高いビジネスを見極めて本格的に事業化するためにも、新規事業の種を探し始めるタイミングは早い方がいいです。現在、新規事業で既存事業をしのぐ実績を出しているアトツギも、ほんの数年前は、会うたびに違うアイデアを語っていました。まいた種のうち、将来どこから芽が出るかは分かりません。既存事業を徹底的に知り尽くす理解期でもありますが、既存事業の常識で目が曇らないうちに、新たな種を探しましょう。

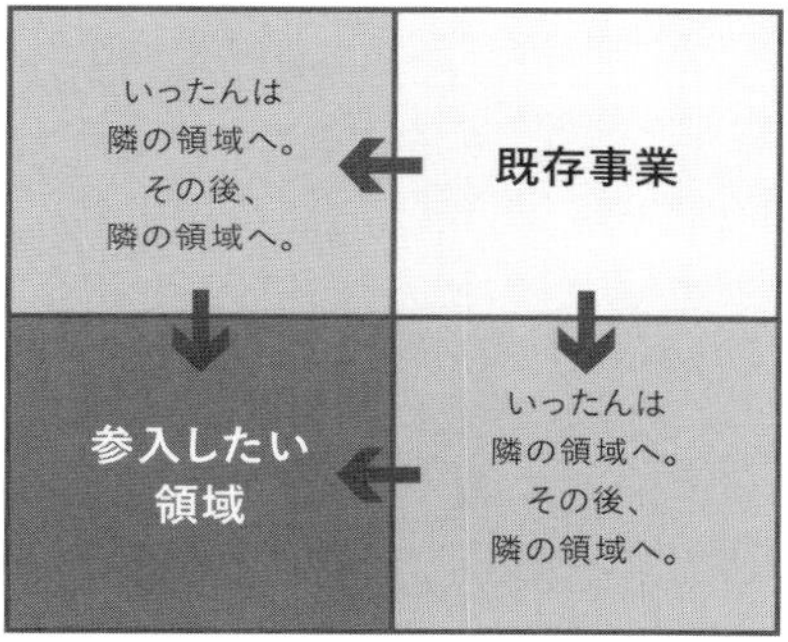

【新規事業は地続きの関連多角化で】

〈アトツギが取り組む新規事業の一例〉

- 問屋業で培った商品知識と仕入れ先とのネットワークを活用して、EC通販を始める。
- これまで国内のみで展開していた事業で、商品・サービスをカスタマイズし、海外市場に参入する。
- 自社の独自技術を、新たな市場で用途を開拓する。
- これまで小売業だったが、業態転換し、全国に商圏を広げる。
- 自社の業務改善を目的に構築したシステムを、SaaSモデルで他社に販売する。
- 地域での知名度や信頼をベースに、新たなサービスを開始する。
- 業界の課題を解決するために、テクノロジーを活用したサービスを提供する。
- これまで下請けとして培ったノウハウで、自社ブランドを展開する。
- 独自開発した機能性素材で、新市場に参入する。

26

「承認欲求」から始めた事業はうまくいかない

アトツギが新規事業に着手する場合、先代や社員が反対して、アトツギの前に立ちはだかることがよくあります。最大の障壁といってもいいかもしれません。

何といっても先代とアトツギでは「時代観」に約30年間のギャップがあります。むしろ最初は「理解されなくて当たり前」なのです。業界の常識や前例に支配されがちな先代に理解されないということは、むしろ今までになかった新規性の高い新規事業になる可能性があるともいえるでしょう。

むしろ大切なのは、「なぜ新規事業を立ち上げたいのか」です。低迷している家業の業績を回復させたいから？　既存のやり方のままでは数年後には経営が立ち行かなくなるから？　新しいことにチャレンジする会社であることをアピールして若い世代を採用したいから？　会社や社員の技術の知名度を上げて社員に誇りを持ってもらいたいから？　業界の課題を解決することで未来につなげたいから？。事業が本格化する前に、一度立ち止まって、新規事業に取り組む本質的な理由を自分に問いかけて、しっかり確認しておきましょう。

もしその理由が「アトツギとして先代や社員に実力を認めてもらいたい」といった承認欲求

だけだったらその事業はやめた方がいいでしょう。

既存の組織に後から経営者候補として入ってきたアトツギには、「お手並み拝見」とばかりに、社内からの風当たりが強いことがあります。アトツギも「早く認められなくてはならない」と気持ちが焦り、はやりのテクノロジーやトレンドを表面的に取り入れただけのビジネスを考えがちです。そう考えてしまうアトツギならではの事情はよく分かります。しかし、それだけが理由なら社内の理解を得ることは難しく、おそらくその事業はうまくいきません。アトツギが本当に会社の未来のためにやっていることかどうか、誰を幸せにしようと思っている事業なのか。それが承認欲求のために自分本位でやっていることであれば、周囲には透けて見えているはずです。

アトツギにはスタートアップと違って、既存事業に関わる人たちがいます。ある意味で、その人たちの存在が障壁になることもありますが、一方で彼らの理解を得られることで、一気に事業が進むかもしれません。

いずれにせよ、なぜ新規事業に着手するのかを言語化できていないと、周囲の人はもちろん、自分自身が今後の経営判断で迷うことになります。新規事業の目的は、タイミングやステージによって変化しても構いません。大事なことは「なぜやるのか」を常に明確な言葉で語れるようにしておくことです。

27

「掛け算」で発想をオープンにする

自分らしさ、社会のトレンド、そして家業の経営資源。新規事業を考える土台は出そろっても、「では、何に取り組むべきか」が明確にならないことがあります。新規事業のアイデアを探る上で初期の段階で使うと有効なのが、次ページの「新規事業アイデアの拡散シート」です。

拡散シートでは、横軸に有形の資源を一つひとつ丁寧に書き出していきます。有形の資源には、工場の機械や自社ビルなどが含まれます。また、無形の資源としては、仕入れ先、地域からの信頼、社員の持つノウハウやナレッジ、蓄積してきた技術などが挙げられます。一方、縦軸には、これからの時代をひもとくキーワードを並べます。大事なことは、一見、家業の業界に関係なさそうな、それでも大きな時代の波といえるキーワードを並べることです。時代のトレンドだけではなく、自分が関心を持っているテーマなどを並べてもＯＫです。その上で、縦軸と横軸が交差するマス目に、両方を「掛け算」した事業アイデアを「無理やり」にでも書いていきます。

このシートの目的は業界の常識や慣習にがんじがらめになっている自分の発想をもっとオープンにしていくことです。事業の実現性や収益性などはいったん脇に置いて、ゲーム感覚でアイデアを書いていくのがポイントです。次第に時代のトレンドと家業を無理やり関連づける習慣が身に付き、やがて本当に「アリ」な事業アイデアが生まれます。

「新規事業アイデアの拡散シート」の記入例

	No. >	1	2	3	4
家業の経営資産（横軸、機能・業務も細かく分解）		（例）糸を編む技術	（例）教育ノウハウ	（例）仕入れ先100社	
未来志向キーワード 中長期的に成長が期待される分野、世の中の環境変化、市場、自分自身の関心分野、得意な領域など縦軸にプロット	生成AI				
	宇宙産業				
	ゲノム編集				
	自動車（EV・自動運転）				
	AR・VR				
	労働量不足				
	人生100年時代				
	クリーンエネルギー				
	LGBTQ				
	フードロス				
	スマートシティー				
	ヘルスケア				
	スマートファクトリー				
	リカレント教育				
	アフリカ市場				
	アップサイクル				

28

すぐに正解を追わず、「反復横跳び」を繰り返す

新規事業を進める場合、右か左か、白か黒か、のようにどちらか正しい道を選ぶようなイメージを持つ人もいるかもしれません。しかし、最初から正解はありません。特にアトツギの新規事業の場合、さまざまなファクターが複雑に絡み合うので、最初から「勝ち筋」が見えることはほとんどないでしょう。すぐに正解を追うのではなく、仮説レベルのアイデアでいいので、事業化に向けた行動を起こしましょう。「これからの時代」「家業の強み」「自分の強み」を掛け算するのがアトツギの新規事業です。3者のバランスはどうあるべきなのか、「反復横跳び」をするように、絶えず行き来しながら試行錯誤していきましょう。そうしているうちに3者のバランスの「ちょうど良いポイント」が見えてきます。

アトツギのイノベーションは反復横跳び

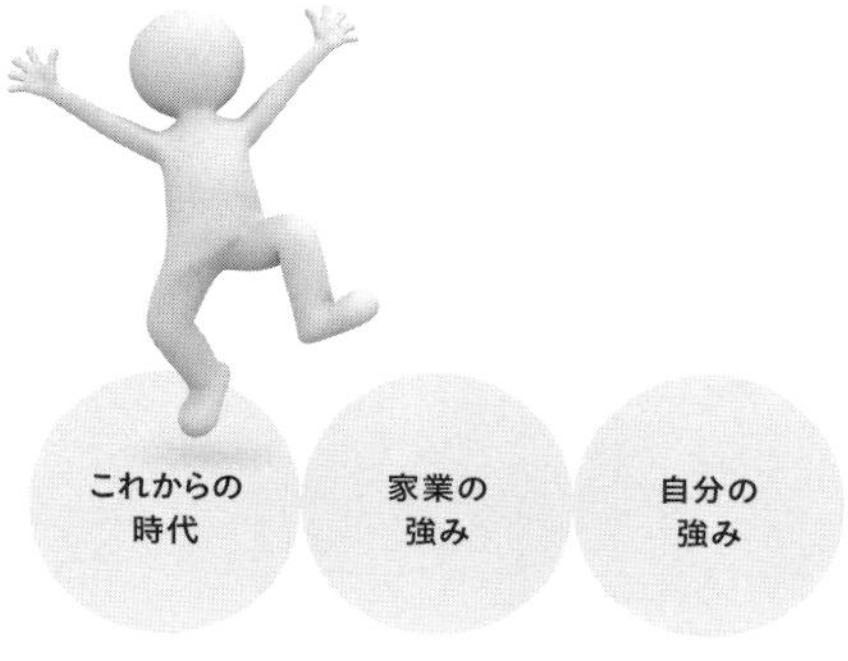

他に利益を生み出す事業がないゼロイチのスタートアップの場合、「生き残れるかどうか」の大勝負に出ていますから、アトツギは気迫でもスピード感でも圧倒されるかもしれません。外から見れば、アトツギの新規事業は「のんびり悠長にやっている」と見られがちです。それでもアトツギの場合はひとまず既存事業でキャッシュが回っていますからこれをアドバンテージと捉え、じっくり事業化を進めたらいいのです。さまざまな関係者やファクターの調整をせず、性急に進めると「急いては事を仕損じる」ことになりかねません。

また新規事業の市場規模についても、とらわれることはありません。スタートアップの世界では市場の選択が肝だといわれ、例えばファンドの償還期限までに上場を目指すといった「Jカーブ」の成長が求められます。その分、事業の成長も早いかもしれませんが、生き残る会社は限られます。

成長より存続力を優先するアトツギ企業にとっては、「多産多死」の事業開発スタイルは好ましくありません。むしろアトツギの新規事業は、短期的に急成長・急拡大できるかどうかではなく、長期的な視点で永続に寄与できる事業なのかが問われます。複雑に絡み合うさまざまな要素の間で、反復横跳びを繰り返しているうちに、「ちょうど良いバランス」の挑戦の在り方が見えてくるでしょう。

28

バランス　その①

どっちかじゃなくどっちも

本業　　**新規事業**

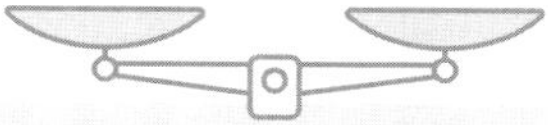

本業を優先していないと
先代や社員から文句を言われる。

新規事業で動いているのは
周囲から遊んでいると思われる。

↓

社内から歓迎されないなら
夜間、休日を使え
もしくは
新規事業で圧倒的な業績を出す

バランス　その②

どっちかじゃなくどっちも

守るか　　**攻めるか**

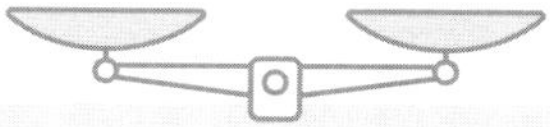

激動する時代の流れと社会のニーズに
応えないと存続できない。

社会から必要とされる会社で
あり続けるために挑戦する。

↓

守る（存続する）ために攻める

バランス　その③

どっちかじゃなくどっちも

経営資源　　**社会課題ニーズ**

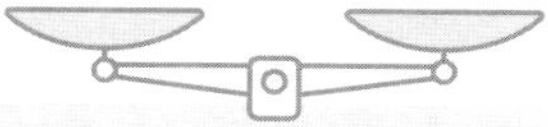

経営資源ありきで考えると
業務改善レベルの新規事業になってしまう。

時代の潮流や社会課題だけから考えると
実現不可能な妄想で終わってしまう。

↓

抽象化と具体化、
時代の潮流と家業の現場の
深堀を繰り返す

バランス　その④

どっちかじゃなくどっちも

家業らしさ　　**自分らしさ**

どれだけ会社の強みであっても
自分がワクワクできないと結果が出ない。

自分がどんなにワクワクできても
家業とシナジーがないと結果が出ない。

↓

会社の強みと自分の強みの
掛け算で
熱狂領域を探す

バランス　その⑦
どっちかじゃなくどっちも

家業の現場　　**これからの世界**

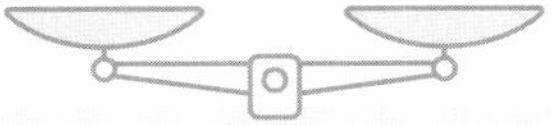

見える世界が狭くなっていないか。
大きな時代の流れを読めているか。

↓

**家業の現場で
見えるファクトを深めると同時に、
これからの世界への
アンテナを高く張る**

バランス　その⑤
どっちかじゃなくどっちも

家族　　**会社**

家族であり会社。親であり上司。
だからややこしい。
家族だから職場でも感情的にけんか
したり、忖度したり。

↓

**衝突の理由が
「会社の未来のため」かどうか。
どんなに争っても最後はノーサイド。
家族だから**

バランス　その⑥
どっちかじゃなくどっちも

家業の歴史　　**家業の未来**

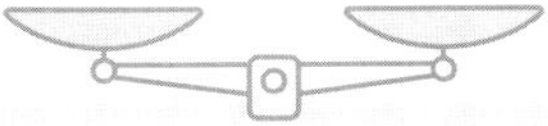

History meets the future
歴史をひもとけば未来への道筋が見える

↓

**長い時間を生き抜いた歴史に、
未来を生き抜くヒントがある。
会社の歴史を学ぶことで、
存続へのコミットが生まれる**

29

参入したいマーケットから考える

「男性コスメ市場」「建設DX市場」「婚活市場」「スリープテック市場」など、一昔前にはなかったマーケットがそこかしこに生まれています。こうした新たな市場の背後にある時代性を捉えるアンテナは若いアトツギならではの強みといえるでしょう。

次ページに示したのは、「和紙の卸売り」会社のアトツギが新規事業として代替革製品の製造販売に進出するまでの流れです。左列には「自分らしさ」「世の中の流れ」「活用できる自社資源」を組み合わせた結果、サステナブルファッションに至る考え方を示しています。また右列にはこれを踏まえて、具体的にこの市場で受け入れられる商品を「誰に」「何を」「いかに」をキーワードに検討した流れを描いています。参入を目指す市場に対して、その商品やサービスの周辺にあるビジネスは何か。自分の会社が参入できる余地はないか。自分の会社の経営資源で使えるものはないか。そう考えてローンチしたビジネスは、最初は小さな売上高でも粘り強く継続しているうちに、その市場での存在感は増していくことがあります。

それだけにアトツギがパッションを持つことのできるマーケットを見つけてから、新規事業を進めるのも大いにありです。成長市場として世の中でもてはやされているようなマーケットでも、あなたが熱量を持てないなら適していないかもしれません。そのマーケットでの事業に何年も費やすに足るほど、ワクワクできるテーマかどうかを基準に考えてみてください。

例えばスノーピークの場合は、登山用品などの開発と販売をする家業に入社した山井太会長兼社長が無類のキャンプ好きだったことから、アウトドア業界を自社が闘う市場と定め、そこからどんどん商品を作り続けていきました。キャンパーが憧れるハイブランドとして成長させられたのも、山井さん自身がキャンパーだったからにほかなりません。

現在、和紙の卸売り業です

自分らしさ

デザインへのこだわり

✖

世の中の流れ

サステナブル／ヴィーガンレザー

✖

活用できる自社資源

強度があり縫製できる和紙

＝

市場機会（どこで戦うか）

サステナブルファッション

新規ビジネスは

誰に（誰のどんな課題を対象？）

Z世代の、エシカルな消費を好み、かつ
日本のカルチャーに興味を持つフランス人

何を（どんな商品・サービス？）

軽くて植物由来の新素材と、
その素材で作る小物（財布など）

いかに（どう実現？）

欧州の展示会と大手ブランドとの提携

新しい事業は一言で言うと、
代替革製造販売業です。
（ヴィーガンレザー）

30

スモールスタートでとりあえず世に出す

ふんわりとでもビジネスモデルができたら、その段階で第三者にぶつけてみましょう。他者からのフィードバックによってマネタイズの仕組みが十分でないことや、顧客イメージが定まっていなかったことに気付いたりすることができるはずです。思いもよらなかった販路やプロモーション方法など、新たな視点を得られます。

自分のアイデアをぶつける「壁打ち相手」は、同じくアトツギとして、真剣に事業に取り組んでいる仲間がいいでしょう。友人や同僚などの場合、気を遣って厳しい意見は出しにくいところがあります。むしろ家業で新規事業を立ち上げようと奮闘する中で「厳しい意見こそが宝だ」ということを知っている同じアトツギならば、気になる点があればあまり遠慮することなく率直に意見をしてくれると思います。私たちのオンラインコミュニティー「アトツギファースト」でも、日夜、新規事業への壁打ちが行われています。

壁打ちで「なるほど!」と思える内容はどんどん取り入れてどんどんブラッシュアップしていきましょう。ただ、全員の意見をうのみにする必要はありません。手厳しいダメ出しを受けても、それを凌駕(りょうが)するだけの根拠が自分にはあると思えるならば、問題はないはずです。その確認ができるだけでも価値はあります。

事業の形が定まったら、できるだけ早く世の中に出しましょう。いったん世の中に出し、顧客の反応を見て方向転換をしながら精度を高めていけばいいのです。そのためにも最初は出来るだけリスクを少なくし、小さく始めるのがコツです。手作りのチラシ、試作品、ベータ版などでも構いません。資金面では応援購入やクラウドファンディングもいいかもしれません。オンラインショップ立ち上げサービスなどを使えば、低コストでＥＣサイトをオープンできますし、サンプル程度の商品数でもビジネスをスタートできます。

また、加工技術や生産財などのＢｔｏＢの場合は、営業資料を作成して顧客を実際に回りましょう。また最近はウェブサイトも簡単につくれますから、技術を紹介するランディングページを制作し、ＳＮＳ広告で、ターゲット層を設定して発信してみましょう。その際、アトツギとして自分自身をサイトに登場させるのもお勧めです。生産財や技術の業界では、顧客は長く取引ができる会社を探しています。「後継者がいない会社とは安定的な取引ができないため、次第に他社にくら替えする」というケースもあるようです。若いアトツギが、新しいことに挑戦している会社であると伝われば、既存事業の発注にもつながる可能性があります。

31

平日の夜や休日を新規事業に充てる

「結果さえ出せば、アトツギの悩みは全てなくなる」。これはスノーピーク山井会長兼社長の言葉です。新規事業で社内の信頼を得るために、一番分かりやすいのは「業績」です。家業を2桁成長させた山井さんのようにスーパーマン的な業績ではなくとも、相応の結果を出すことができれば、新規事業にしっかり向き合っていることが先代や社員にも伝わります。

ただ、実際にはアトツギの新規事業は10年後、20年後の売上高の柱となる事業を育てることですから、すぐに大きな結果を出すのは本当にたいへんです。そのためにも早い段階で種をまいておかなければならないのは間違いないのですが、先代や社員にとってみれば、アトツギが「海のものとも山のものとも分からない新規事業」に時間を使っている状態は、まさに「遊んでいるようなもの」です。アトツギは目の前の既存事業や業務改善で業績を出して先代や社員からの信頼を得ておくのも大切です。

それでもやりたいという事業ならば、平日の夜間や休日をを使ってみるのも手だと思います。既存事業も頑張りながら、それとは別に取り組んだ事業で、少しずつでも結果が出てくれば、社内の見る目は徐々に変わるかもしれません。

会社の正式な事業として育てていくなら、いつまでも孤軍奮闘しているわけにはいきません。実績が出始めたら、どこかのタイミングで先代や社内にきちんと説明しましょう。結果が出ている以上、既に顧客や利益について具体的に語れるようになっているはずです。「絵に描いた餅」のように、事業プランだけを伝えていた時とは説得力が違います。

アトツギは家業が既存事業で一定の収益が出ているので、スタートアップと違い、「一刻も早く収益化しないと存続できなくなる」という切迫感が薄い面があります。その分「時間をかけてじっくり進めればいい」のですが、だからといって新規事業に関するアクションが先送りになると何も進まなくなります。このため、平日夜や土日などの休日を使う場合であっても、「いつまでに何をどう進めるのか」というWBS（Work Breakdown Structure＝プロジェクト管理のためのワークフレーム）は必ず作って進捗管理をしましょう。

32

行政サービスを利用する

海外進出、新商品開発など、国や自治体にはさまざまなテーマで中小企業支援政策がありま す。地方の自治体の場合、地域の税収と雇用を生み出すのは地元の中小企業です。自治体と未来の経営者であるアトツギは運命共同体であり相性が良いのです。

行政の支援策は、大きくスタートアップ支援と中小企業支援に分類されています。このうち中小企業支援は現社長に向けたものが多く、アトツギに特化した支援策はこれまでほとんどありませんでした。しかし、最近は大分県、兵庫県などが、地域の中小企業の後継者、後継予定者を対象に、新規事業の事業化を目的としたアクセラレーションプログラムなどを実施しています。こうしたプログラムは成長志向のスタートアップを対象に行われてきましたが、アトツギが10年後、20年後の売上高の柱となる事業をつくるための支援策が充実してきました。

背景にあるのが地方の自治体のスタートアップ支援の限界です。支援してきたスタートアップがベンチャーキャピタル（VC）から資金調達して事業化が本格化すると、本社を東京に移すケースが多く、地方にとっては「支援の効果」が見合わなくなっています。一方、アトツギは簡単に本社を移すことはできません。社員の家族が地元の学校に通い、地域に取引先がたくさんあります。「この地域で頑張るしかない」人を支援することは、地域に成果が還元されやすいのです。行政も税金を使って支援をする以上、成果を出さないといけないため、アトツギにかなり手厚くサポートしてくれます。地元の行政のビジネス支援サービスにアンテナを立ててみると、アトツギでも使えるものは結構あります。その際、ちょっとしたポイントがあります。

①行政主催の商談会やセミナーにとりあえず参加する。そこで熱心な担当者を見つける。
②その担当者に個別にアポをとって、家業や新規事業の課題について相談してみる。
③使える支援メニューや担当者、事業にシナジーのありそうな会社を紹介してもらう。
④進捗報告し、感謝を伝える。

行政の熱心な担当者は、組織や地域を超えて熱心なサポーターとつながっているので、どんどん紹介してくれます。また、議会やメディアから常に「成功事例」を求められますから、行政の担当者に最新情報を伝えておくだけでも冊子にまとめてくれたりメディアにつないでくれたりとプロモーションをしてくれることもあります。無駄足になることもありますが、自分一人で商機を開拓していくよりも成果につながりやすいので、費用をかけずに行動を起こすにはお勧めです。

33

実現したい事業を言語化して発信する

アトツギを対象にしたピッチイベントはこのところどんどん増えています。日本経済新聞社の「スタアトピッチ」のほか、中小企業庁の「アトツギ甲子園」など、アトツギが家業の経営資源を活用したビジネスアイデアやプランを発表するイベントには勢いがあります。

これまでピッチといえば、ＶＣなどの投資家に向けて、スタートアップが事業の成長性や新規性を伝え出資を引き出すケースが大半で、資格要件も「創業5年以内であること」などとなっており、アトツギは対象外でした。「0から1をつくるスタートアップしかイノベーションが起こせない」、「スタートアップ＝ベンチャー」という社会通念があることに加え、エグジットが目的のスタートアップに関与することで利益を享受するステークホルダーが多いことから、特に第三者の資本参加を好まない同族企業はピッチイベントでは対象外とされていました。

こうした状況に変化が起きたのは最近のことです。スタートアップがなかなか育たない地方においては特に、地域の新規事業の担い手としてアトツギに注目が集まるようになってきたのです。その結果、「業歴に関係なく、世の中に新しい価値を生み出す会社もベンチャーだ」として、アトツギもベンチャーの卵として応援する動きが広がっています。

アトツギがピッチイベントに出る目的は一つではありません。会社の知名度を上げるため、若い社員の採用につなげるため、販路を開拓するため、先代を説得するためなど、ピッチイベントに臨む動機はさまざまですが、実現したい会社の未来を言語化したり、外部からの評価を得ることで、先代や社員との関係が良好になったという事例も多数あります。迷っているならば、参加してみることをお勧めします。

事業プランなどを発信する手段としては、マクアケなどの「応援購入プラットフォーム」を利用するのもいいでしょう。応援購入は応援する気持ちをもって商品を買うことであり、作り手と買い手の共感をベースに設計されています。このため、会社や自分自身にストーリーがあるアトツギにとっては、親和性が高い手法といえるでしょう。また、代表権がないアトツギは資金の借り入れができないのが課題ですが、応援購入の仕組みを利用すれば限られた予算でも挑戦できます。

いずれにせよ、社長に就任するまでに、実現したい世界や挑戦したい事業を言語化する機会や手段は今まで以上にたくさん出てきています。目の前に現れたチャンスに乗るか、見送るか。一瞬の判断の違いで、数年後の見える景色が変わるかもしれません。

34

会社の広報担当に就任する

アトツギだからこそ広報担当に名乗り出るのもよいと思います。理由は下に示した通りたくさんありますが、ポイントは予算が必要な広告ではなく、マスコミにニュースとして取り上げてもらう広報で勝負することです。もちろん簡単ではありません。しかし成果が出てくれば予算をかけずに会社の知名度が上がり、引き合いや売上高も増える可能性があります。

中小企業の場合、そもそも社内に広報担当を置いていない会社も多いと思います。社外に情報発信する担当者がいない以上、マスコミもあなたの会社を探すことができません。

【アトツギが広報担当になるべき理由】

- 広告ではなく「広報」なので費用がかからない
- 知名度が上がり、会社の業績に貢献できる
- 社員に喜んでもらえる、社員との関係構築に役立つ
- 家業の歴史やストーリーを語れる立場である
- 若さは武器、マスコミもデジタルネイティブの発信力に期待
- 広報担当になると世の中の流れに自然にアンテナが立つ
- 自社を客観視する能力が自然に身に付く
- 未来を言語化する訓練になる

だからこそアトツギが会社の広報担当者として名乗りを上げましょう。今ではネット上のプレスリリース（ニュースの内容をまとめたマスコミ向けの資料）の配信サービスも充実していますし、地元の新聞社に直接電話しても話を聞いてくれることも多いです。何といっても予算がかからないのですから、「当たって砕けろ」の気持ちで臨みましょう。

まず地元のメディアに登場することから

そもそも広報が何か分からないという人もいると思いますが、行政が主催しているような広報戦略系の無料セミナーなどに参加すれば一通りのことは分かります。ここで大切なのは、ピーアール会社に広報の仕事を丸投げしないことです。アトツギが広報担当として、ニュースだと思うこと、ユニークだと思うことを探し、言語化して、マスコミに届けてください。

大企業の広報担当者のように洗練された文章が書けなくても大丈夫です。また最初から全国放送や全国紙を狙う必要はありません。

無料セミナーで教えてもらうレベルの広報のイロハを駆使していれば、地元の新聞やタウン誌に取り上げてもらえるかもしれません。メディアは他のメディアからも情報を探しています。小さなメディアに登場することで、地元のテレビ局、全国ネットなどなど、芋づる式に取り上げられていくのが広報の世界です。

今まで脚光を浴びることがなかった製品や仕事が、アトツギの広報力で新聞やテレビに取り上げれば、社員は家族に会社のことを自慢してくれるかもしれません。すると自然とアトツギと社員との距離も縮まるでしょう。

社外にアンテナが立つようになる

一昔前は、企業取材といえば、基本的には代表者である社長を取材するのが報道関係者の一般的な考え方だったと思います。しかし、今は違います。アトツギの存在が注目され始めたせいか、大手メディアは役職のないアトツギに対しても取材してくれます。アトツギに特化したメディアも誕生しています。広報に力を入れたいアトツギにとって、今まで以上に、追い風が吹いているのです。

また、広報担当として情報発信しているうちに、会社を客観視し、社会と会社をつないで考える力が身に付いてきます。

ニュース性のない案件を一方的に発信し続けても取り上げてはもらえません。世の中のニュースを研究しているうちに、自然にトレンドや社会課題にアンテナが立っていきます。その情報を社内の商品開発に還元するのは、広報担当者の重要な役割です。

家族の物語には説得力がある

中小企業は経営資源が限られていますから、技術力や商品力だけで見た場合、大企業にニュース性で勝つのはなかなか難しいかもしれません。

それでも小さな会社には、さまざまなストーリーがあります。そして、それを誰よりも説得力をもって語れるのは、会社の歴史と未来の間にいるアトツギです。広報担当者として、未来の社長であるアトツギとして、埋もれていた価値や会社が実現していきたいことを、あなたの言葉で発信してください。

マスコミもアトツギならではは会社のドラマを期待しています。家族の培ってきたストーリーにはそれだけの説得力がありますから、自信をもって臨んでください。もちろん業界の非常識、地域の課題など、その製品や技術が誕生した背景にもマスコミが知りたいニュースが潜んでいますから、どんどん発信しましょう。

35

先代を投資家と思え

0から1をつくるスタートアップには経営資源がないたいへんさがありますが、立ち上げた人が会社の代表者であり意思決定者です。自分で経営判断ができるため、資金調達や採用に踏み切りながら事業をドライブさせやすい強みがあります。

一方、アトツギは会社の経営資源を活用できるのがアドバンテージですが、まだ会社の代表者ではないので、資金調達もできなければ予算や人材を自由に動かすこともできません。代表者である先代に承諾してもらわなければ、新規事業を本格化することもできません。これがスタートアップとの最大の違いです。

アトツギの新規事業が進まない理由の多くはこうした社内の事情にあります。先代や古参社員は「そんな事業はもうからない」「そんな事業を始めたら取引先に迷惑をかける」「本業も分かってないのに何が新規事業だ」などの形で立ちはだかり、多くのアトツギが頭を抱えています。

それでも、ある程度のあつれきは、アトツギが覚悟を決めていく上で必要なプロセスかもしれません。例えば新規事業一つとっても、それは「会社の未来のためなのか」それとも、「ただの思いつきなのか」などは、ある程度の反発があるほうが、アトツギにとっても自分自身の覚悟を確認したり、事業の精度を高めるきっかけになります。そして同時に、先代や社内から「ほら見たことか」などと言われないようにするために、結果を出すための行動につながることもあります。

どうしても取り組みたい新規事業がある場合、予算や人材を使わせてもらうようにするため、アトツギは先代を投資家と見立てて、真正面からプレゼンするのも手です。親だと思うからいろいろな感情が出てくるのであり、最初から割り切ってしっかり準備をして説明を繰り返すのです。プレゼンの準備をするプロセスにおいて、アトツギは自分の覚悟の度合いに気付くはずです。この段階で覚悟が不足していると思ったら、その事業はやめておいた方がいいかもしれません。

アトツギが先代にプレゼンする場合にはコツがあります。スタートアップが投資家に向けた場合にはデータ、ファクト、ロジックが大切ですが、アトツギはここにエモーショナルな要素も加えましょう。なぜ自分はこの会社を継ぐのか。「なぜ存続させたいのか」「どんな価値を未来に残したいと思っているのか」「なぜ、この事業が会社を存続させるために必要なのか」も同時に伝えるのです。エモーショナルな要因であつれきが生まれる同族企業だからこそ、説得するのにもエモーショナルなアプローチが有効なのです。

36

「出島型」アトツギ、新会社で事業化を加速

アトツギが家業とは別に新たな法人を立ち上げて、家業のリソースを活用しながらも、新しい事業を推し進めるスタイルを、鎖国時代に貿易の拠点となった長崎県の出島になぞらえ、私たちは「出島型」と呼んでいます。

家業の中で新規事業を進めようとしても、代表権がないアトツギには最終的な意思決定ができません。このため、さまざまな課題に直面することが多いのですが、アトツギが家業とは別に新たに会社を立ち上げれば、代表者としてステークホルダーと交渉ができるため、事業化のスピードが早まります。最近はこのスタイルを選択するアトツギが増えています。ここでは3つの角度から詳しく見てみましょう。

資金の獲得ルートを増やす

新規事業を本格化させるには、それなりに資金が必要です。家業では、アトツギが予算を捻出する上での交渉相手は先代になるケースが多いのですが、この関門を突破するのが大変です。当面は、新規事業で生み出される利益で回すことができても、それを拡大する上では採用活動

やブランディングなど、まとまった予算が必要になります。

そんな時、もちろん無理な資金投入を行わず、メインバンクから資金を借り入れしながら地道に成長を目指すという方法もあります。しかし、新規性があって成長性が見込まれるビジネスならば、競合が出現する可能性は大きいでしょう。成長を加速するには、資金を投入してスピードアップさせることも選択肢の一つです。

スタートアップの場合は、投資家からの資金調達を考えるのが一般的ですが、多くの同族企業は安定的な経営やオーナーシップを重要視していることから、第三者の資本が入ることへの抵抗感が大きく、ＶＣなどからの調達を基本的に好みません。金融機関からの融資が一般的であり、資金調達の手段も必然的に限られます。

出島型の場合、新会社のほうではアトツギが経営者です。家業のオーナーシップと経営の安定を守りつつ、出島型については別の資金調達も考えることができるならば、事業にドライブをかけやすくなります。

スタートアップが苦労する製造機能や実証実験のフィールドなど、家業の経営資源が活用できることも、出島型アトツギの大きなアドバンテージです。最近は、レガシー産業の現場の課題をテクノロジーを活用して解決するビジネスを展開するアトツギが増えていますが、その業界の解像度がスタートアップと比べて高い点も投資家からも評価されるようです。

36

反発をかわす

出島戦略は、家業の業績にも間接的に寄与するか、そうでなくとも家業の関係者にもメリットがあるように設計しておくことが肝要です。これができれば出島型は、家業のリソースを最大限に活用する分、アドバンテージが生まれます。家業と新会社の役割分担について、先代としっかり話し合って、新会社が事業化していく上で起こり得る関係者の反応に対策をしておきましょう。

アトツギが手掛ける新規事業は、既存の業界が抱える課題や長年の業界の常識（異業種から見たら非常識）を改革するものがたくさんあります。その結果、これまでの顧客と競合になることが予想される新規事業には当然、業界からの反発が出てくる可能性があります。すると既存事業への悪影響も考えられます。

このとき新会社で始めると、業界からの反発や風評リスクが軽減できることがあるようです。中には業界関係者からクレームが入った場合、先代が「あれはアトツギが勝手にやっているだけだ」と説明するなど、業界の反発を交わす役を担うケースもあるようです。このため、親子の共同作戦として出島型を選択するケースも少なくありません。

人材採用を有利に進める

レガシー産業の家業の活性化には、テクノロジー、ウェブマーケティング、最近のトレンドを掛け算することが大切です。そのためには、ベンチャーマインドと時代のアンテナを併せもった優秀な社員が必要なのですが、経営者の苗字や名前が入っているいかにも同族企業の社名の会社に、スタートアップで活躍する人材はなかなか転職してくれません。また、採用の場において応募者は、トップがどんな人で、どんな事業でどんな世界を実現したいと考えているのか、どのくらいの熱量で推進しようとしているのか、を入社を決める上で重要な判断材料にします。しかし、家業では先代が社長でアトツギはあくまでも一社員のため、アトツギが「これは」と思う応募者を熱心に口説いても、どうしても限界があります。

これに対し、出島型ではアトツギがトップですから、今の時代にあった社名で、若い世代に刺さるブランディングを展開できます。「出島戦略は採用が大きな目的」と語るアトツギも実際たくさんいます。出島の会社と家業は将来的にホールディングス化されることもあり、出島の会社で採用した優秀な若手社員は将来、家業でもアトツギの右腕に成長してくれる可能性もあります。また社外のパートナーや専門家を探す上でも出島戦略は有効です。

36

Case Study

出島型スタートアップで建設業界の課題を解決

クアンドCEO／下岡純一郎氏
福岡県／建設・製造現場×SaaS

建設・製造現場のDXスタートアップとして知られるクアンドのCEO（最高経営責任者）の下岡純一郎さんは大学卒業後、大企業での経験を経て、起業準備をしながら父親が創業した福岡県北九州市の建設業に入社。従業員として家業を手伝う中で、職人の高齢化、知識と技術を積んだベテランがいないと業務が回らないという普遍的な課題に直面しました。

さらに下岡さんは、これまでのように社長が案件を取ってきて、職人を調整し、必要な手配するといったビジネスの在り方に対して「旧態依然としたこれまでの形態を続けているだけだ。このままでは今後建設業は存続が難しくなるのではないか」という業界全体のペインにも将来の不安を抱きました。

新たなビジネスモデルを模索する中、複数の現場を掛け持ちするベテランの技術者の場合、現場から現場の「移動時間のムダ」があることに着眼して、出島型によって新会社としてクアンドを設立。技術者が現場とのコミュニケーションをリモートでも視覚的に取れるＳａａＳモデルのシステム開発を開始しました。家業の現場や地元の取引先の協力を得ながらプロダクトの実証実験を重ね、サービスの精度を向上させました。

ネット経由でソフトを提供するビジネスモデルは、国内の投資家からも「アトツギならではの業界の現場への解像度の高さ」が評価され、国内の主要なピッチでも連戦連勝し、５億円（２０２３年６月現在）の資金調達を実現。先代が事業を通じて解決したいと考えていた地域への思いや、業界全体の課題を解決したいマインドを引き継いでいます。

対談 3

レオス・キャピタルワークス
会長兼社長

藤野英人氏

×

山野千枝

対談のお相手

藤野英人氏

1966年富山県生まれ。90年に早稲田大学法学部卒業。資産運用会社のファンドマネジャーを経て、2003年にレオス・キャピタルワークスを創業。投資信託「ひふみ」シリーズの最高投資責任者。著書に『プロ投資家の先の先を読む思考法』など

地元を勝ち抜く腕力ない アトツギは次に進めない

アトツギの新規事業に期待する声は年々高まっています。「アトツギベンチャーが今後大きなセクターになる」。こう話す資産運用会社、レオス・キャピタルワークスの藤野英人会長兼社長はその一人で、各地のファミリービジネスにも通じています。藤野さんには、私が代表理

事を務めるベンチャー型事業承継において顧問を務めていただいています。アトツギの抱える課題や地域との関わりなどを語っていただきました。

山野千枝（以下、山野）：各地のファミリービジネスなどについても詳しい立場から、アトツギが新規事業で成功するにはどんな点がポイントだと考えますか。

藤野英人氏（以下、藤野氏）：ファミリービジネスには、メリットとデメリットが背中合わせになっているところがあります。ですから、そのバランスがすごく大切です。メリットは家業であるため、アトツギが新規事業に取り組むに当たって「地ならし」してくれたファミリーがいることです。このことは明らかに資産なのですが、一方でそれがアトツギにとってはしがらみにもなります。資産としがらみの間に立ち、苦悩を抱えるのが典型的なアトツギだと思います。

山野：周囲のアトツギを見ていると「本業と新規事業」「家業らしさと自分らしさ」「会社の歴史と未来」の間を絶えず行き来していて、反復横跳びをしているような印象があります。

藤野氏：アトツギがファミリーや地縁を大切にしようとだけ思うと、結局古い価値観のままにとどまってしまいます。するとビジネスは拡張しないし、それが地域の衰退にもつながります。

このため、アトツギは自分なりの方法である程度それまでのやり方を壊したり拡張したりしなければならないのだと思います。

資産としがらみは、どちらに寄り過ぎてもあまりうまくいかないのです。やはりそこはバランスになりますが、私がこれまで見てきたところでは、どちらかといえば、アトツギは「やりすぎ」に近いほうがいいケースが多いようです。持っている資産を生かさないと意味がないはずですが、そのためには先代の言うことを何でもそのまま聞くよりも、多少聞かないくらいのほうがいい。少し改革寄りに、そしてファミリーや地元のことも考えながら進めることが大切だと思います。

山野：「家業と自分のどちらを選ぶのか」ではないわけですね。白か黒かでなくグレー、しかも自分らしさ寄りのグレーでちょうどいいバランスのポイントを探す。確かにそんなアトツギが自分の道を開いていくことが多いようです。理解のある父親から「何でもやっていい」と事業を渡されたアトツギよりも、反対する先代への説得材料を集めるため必死にもがいた経験をしているアトツギのほうがその後の事業化がうまくいっているし、会社を引き継ぐ覚悟が醸成されている気がします。

藤野氏：アトツギが自分なりの取り組みを進めるには、自分にとっての原理原則やビジョンが大切です。「自分はなぜこうしたいのか」の軸がないと、周囲から「ふらふらしている」「心もない」と思われがちですから。その上で自分の考えを伝えなければならない。周りにいる全員を味方にできなくても、ファミリー、番頭役の社員、親戚、地域の有力者ら、どこかに味方をつくらなければ、物事はなかなか進まない。前に進むには自分の軸を持って、どういう会社を目指すのかを伝えるべきです。そのときは青臭くてもいいし、むしろ青臭いところを大切にしていくことが重要です。

山野：一方、アトツギの中には「たまたまその家に生まれただけで将来を決められた」という感覚の人が、家業の規模にかかわらず一定数います。

藤野氏：隣の芝生は青く見えるのです。旧知のアトツギがバリバリ活躍していて、ずっとすごいと思っていたのですが、そのアトツギから「藤野さんはしがらみがなく、自由に働けるからうらやましい」「ファミリービジネスの家に生まれず、自由な立場だったらもっとやれることがあった」と言われ、驚いたことがあります。

社会的な価値を持つものにはさまざまな責任が絡み合うことを考えると、アトツギが「苦しい」と思っている気持ちはよく分かります。ただ、アトツギは先代までの売上高があり、社員がいて仕入れ先も顧客もある状態で引き継ぐわけです。そこには大きなアドバンテージがあり、周囲からはうらやましがられる面もあります。

山野：アトツギは親子という圧倒的な関係の下で、30年ほどもギャップがある先代から会社を引き継いでいく難しさがあります。これは何歳か年上の前任者から経営を引き継ぐサラリーマン社長とは、全く違う世界です。ファミリービジネスは長期目線で捉えられるメリットもありながら、引き継ぐときには世代間のギャップがある難しさがあり、アトツギはその大変さに苦しんでいます。

地元で勝てなければ、先に進めない

藤野氏：スタートアップもアトツギベンチャーも結局取り組むことは売上高を上げること、結果を出すことです。もっと言えば、それは顧客に喜んでもらうことです。事業に関わる人は売上高と利益を出した人を認めます。また、そうでないと何十年も生き残ることはできない。だからアトツギはまず、結果を出すことに集中すべきです。顧客の未来にとって必要なものを用意して提供すれば結果的に売上高と利益が上がり、未来が広がります。

山野：確かに、結果を出したらアトツギならではの悩みがすべてなくなった、とよく聞きます。時代が変化している以上、先代とは違う、若い世代だからこそできる役割があるはずです。

気になるのは特に地方のアトツギを巡る環境です。会社の代表が先代の場合、一般的にアトツギはあまり表舞台に出てきません。アトツギの新規事業が地元の新聞で紹介されたりすると、地元の先輩経営者から「調子に乗るな」などと言われる「村社会」がまだまだあります。これでは地域の未来を担うはずのアトツギの芽を摘むことになります。

藤野氏：よくあるケースだと思います。それでも、冷たい言い方になるかもしれませんが、ここで「勝ち抜く腕力」がないと、アトツギはもっと大きなところで勝てません。高校野球は地方大会で勝たなければ、甲子園に出場できないし、全国で勝てない。これと同じことです。だからこそ、地元で認めてもらい協力してもらうために、あの手この手を尽くしてやるしかないと思います。

山野：地方のスタートアップのプレーヤーはアトツギが多く、家業の経営資源を活用して新規事業をつくるケースはたくさんあります。それだけに地域社会がアトツギに期待するカルチャーを醸成することは大切です。

藤野氏：スタートアップとは何かを改めて考えたほうがいいと思います。「不連続な成功」こそがスタートアップであり、単なる社歴の話にしないほうがいい、というのが私の考えです。そこにはゼロイチの狭義のスタートアップもありますが、アトツギがイノベーションを起こして不連続で成長するアトツギベンチャーもあるし、新規事業の社内ベンチャーなどもここに入ってきます。重要なスタートアップのリソースとしてさまざまな形があることをまず、社会的に是認していくべきです。

「金融ビジネスの地産地消」が重要

山野：アトツギを支援する組織を立ち上げるとき、名称を「ベンチャー型事業承継」にしたのにも、そんな思いがあります。地域は未来の担い手であるアトツギをもっともっと応援してほしいと思います。

私が代表を務める団体では、アトツギベンチャーを3つに分類しています。株式を公開する「エグジット型」、未上場にこだわりながら規模を拡大する「地方豪族型」、規模の拡大にはこだわらず収益力の高いビジネスモデルでしぶとく生き残る「ランチェスター型」です。ベンチャー型事業承継では、アトツギベンチャーのロールモデルとして100人ほどの経営者にメンターになっていただいていますが、1割がエグジット型、3割が地方豪族型、6割がランチェスター型です。

藤野氏：アトツギベンチャーが今後大きなセクターになる、と私は期待しています。それだけに指摘したいのは地域の金融機関の在り方です。

金融機関はゼロ金利政策が長引き、短期主義になっている面があります。しかし、目利き力を上げながらベンチャー型の事業承継をサポートすることは、長い目で見てビジネスのコアになるはずです。そのためにはベンチャーキャピタルを立ち上げるなど、いろいろな方法があると思いますし、地域からお金を集めて地域に投資する「金融ビジネスの地産地消」がすごく重要になります。政策面は事業承継の税制改革が進みましたし、さまざまなステークホルダーが力を合わせて円滑な事業承継ができる体制づくりを進めるべきです。

4
章

アトツギを取り巻く人々

37-46

同族企業は、家族だからこそ有事に強い反面、同時に家族だからこそ何かあったときにもろいともいえます。

家族であり、会社の先代と後継者なのですから、同族による事業承継の人間関係は本当に複雑です。アトツギは先代に親として育ててもらったという圧倒的な上下関係がある中で、時代感覚におおむね30年のギャップがある先代の事業を変革していかなければいけない立場です。先代からすれば、子どもだと思っていた息子、娘から、自分がやってきた事業に口を出されているこ と自体腹が立つ。こんなエモーショナルな衝突は日常茶飯事です。

トップの二人がそんな状況ですから、親子の関係やそれぞれの顔色を察して、伝えたいことを控えたり、空気を読んだり、取り巻く人たちも大変です。社員はもちろん、取引先や金融機関も含め、余計な気を遣わせてしまうのが同族企業です。私は「アトツギ忖度ワールド」と呼んでいます。

とはいえ、もちろん上手に経営のバトンが引き継がれ、世代交代でより強い会社に進化したケースは本当にたくさんあります。この章では、「人」をテーマに、アトツギが社長になるまでの間に取り組んでほしいことを書いていきます。

アトツギとは

会社の永続にコミットしながらも「親子」という圧倒的な上下関係がある中で時代観に30年のギャップがある先代から経営を引き継ぐ人

37

スリーサークルで人間関係を整理する

　同族企業の家族と会社の関係は本当に複雑です。会社であり、家族。家族であり、会社。家族だから会社が窮地に陥ったときに強みであると同時に、何かにつけこじれるのも「同族企業あるある」です。

　長年の歴史の中でいろんな家族の事情をのみ込みながらやってきた場合、歪みが明るみになりやすいのが、世代交代のタイミングです。中でも目立つのが、株の分散問題です。創業者が子どもたちに均等に株を相続した結果、次の世代、またその次の世代と進むうちに株がどんどん分散すると、事業に関わってないのに株を保有する、つまり議決権に影響を与える親族が増えていきます。創業者が「良かれ」と思ってやったことだとしても、その後、孫の代になって「株を買い戻すために、とんでもない苦労をすることになった」というケースは少なくありません。

　同族企業を語る上でよく用いられるのが、スリーサークルモデルです。「家族」、「経営」、「所有」の3つの視点から現状を整理するので、家族と会社の関係やそれらを取り巻く人々の状況が見えやすくなります。例えば、スリーサークルモデルを見ながら会社の資金の流れを検証していると、「株を持ってないし、事業にも関わってない」のに、「報酬が発生している」親族が浮かび上がることもあり、さまざまな家族の関係を知る機会になります。

欧米の中堅企業の場合、ビジネスは家族以外のプロに任せて、オーナーシップを創業家が維持するケースも多く見受けられます。日本でも、規模が比較的大きい中堅企業の場合、所有や経営と家族が距離を取っていることがよくあります。

一方、零細企業の場合は中堅企業と比べると、「経営」と「所有」が重なり合っていることが多くなっています。個人的な意見ですが、規模や

中堅ファミリービジネスの
スリーサークルモデル

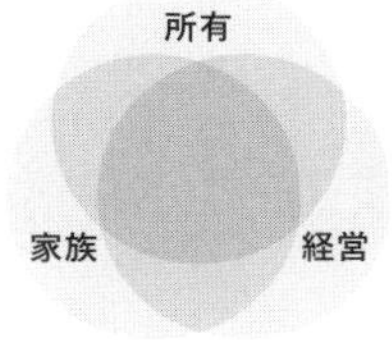

零細ファミリービジネスの
スリーサークルモデル

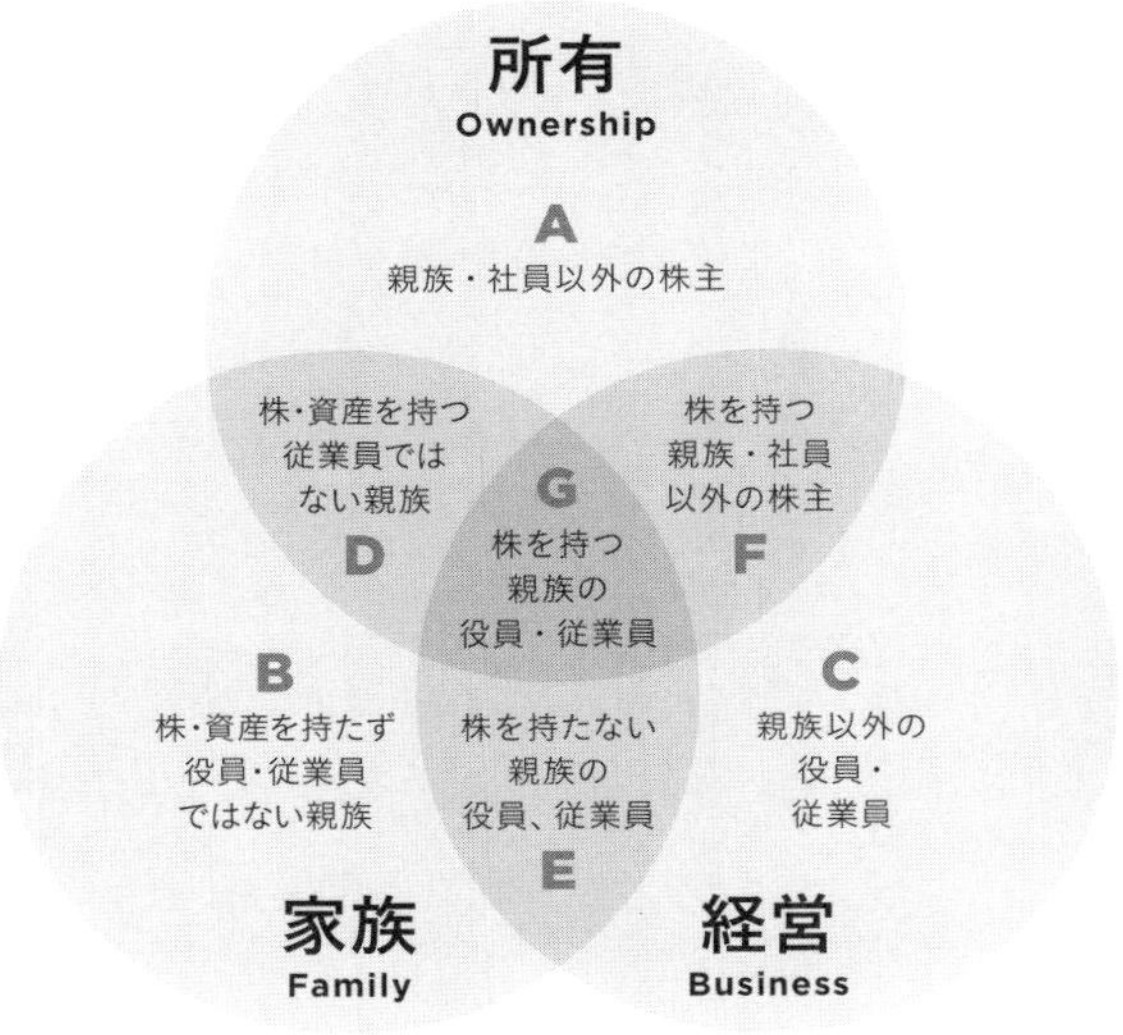

業種によって、これは悪いことではないと思います。

確かに所有と経営が近すぎる場合、ガバナンスの観点において、課題があります。それでも、所有とビジネスが一体化されているからこそ安定的な経営が実現しているともいえる面があります。

一方で、日本の小さな同族企業の場合、実際には「議決権を誰がどのくらい持っているか」が、日常の意思決定に対して、あまり大きく影響しないこともあります。「既に株は後継者に全部移管していて、議決権などない」はずの創業者のが経営判断に物申せば、意思決定が遅れ、場合によってはその意見が通ってしまうこともあります。スリーサークルモデルで整理すると、そんな状況が明らかになることもあります。

会社のうみを出し切って健全な状態にする上で、世代交代は30年に一度到来する絶好のチャンスです。スリーサークルモデルを見ながら勤務実績のない親族や、勤務はしていても貢献していない親族に対する処遇を見直すよいタイミングになります。

世代交代を契機にして家族以外の社員を増やして規模を大きくしたい、会社を成長させたいと考えるなら、今後入社してくる社員に対して、きちんと説明できる体制にしておきましょう。あるアトツギ経営者は「ＩＰＯをするかどうかは関係なく、会社を成長させていくことは、経営の透明性を上げていくことだ」と言っていました。働く人にとって「どうせ創業家以外は昇進できない、優遇されない」と思われてしまうと、健全なモチベーションは生まれません。同族企業の強みである長期視点での経営判断を大切にしながらも、社員に対しては透明性をしっかり実現していきましょう。

家族に対しては、会社が目指す方向性をしっかり説明して理解してもらう必要があります。これまで家業の恩恵にあやかっていた親族からの反発が容易に想像できますが、それも含めて世代交代は絶好の「言い訳」にできるタイミングです。家族と会社の関係を明確にするために、さまざまなことを考える上でもスリーサークルに関係者をプロットしながら整理していきましょう。

38

「社員の前では親子げんかをしない」と先代と約束する

親であり上司である先代との話し合いは、簡単ではありません。家業に戻る前は仲の良かった親子も、先代とアトツギの関係になった途端にギクシャクする、といったことは、どの同族企業でも多かれ少なかれ、必ずといっていいくらい起こります。

同族企業が難しいのは、こうしたときには一般企業と違ってロジカルな議論が通用しなくなり、エモーショナルな対立に発展しやすいことです。

先代からすれば、親子関係でいえば上下関係があるはずの子どもが、会社の業務改善に口を出してくるのは面白くないため、改善策の内容にかかわらずとにかく立ちはだかることがあります。当然、業務改善は前に進みません。先代がアトツギに対して「ライバル意識」を持ち始めることもあり、こうなるとますます話がややこしくなります。

社員の目の前で、先代とアトツギが感情むき出しの大げんかを始めたり、その逆に、職場で一切口を利かなくなったりすれば、社員は当惑するばかりです。それぞれの思いがあるのだとしても周囲にとってはただの親子げんかにしか見えず、そんな場面に遭遇した社員が「家に帰ってやってくれ」と思うのも当然です。それどころか「だから同族企業はダメだ」と愛想を尽かして辞める社員が出てくることもあります。

これでは業績のマイナスにつながりかねないので、二人とも冷静なときにまず、「社員の前では感情的なけんかはやめよう」と約束しておきましょう。

しっかり話すためには、場面も工夫してみましょう。

先代と冷静な議論をするために、「毎日の自動車通勤の際の車内を利用する」というアトツギがいます。運転中ならばお互い冷静でいられますし、通勤はだいたい所要時間が決まっているので、相談したいことを時間内に解決するようになるようです。面と向かって座るとなかなか言えないことも、運転席と助手席に座って同じ方向を向いていると話しやすいのだそうです。

また先代と話すタイミングにも気を配りましょう。あるアトツギは、株の承継というデリケートな話を先代とするために、先祖のお墓参りのタイミングを利用したそうです。先祖への感謝と敬意を伝える気持ちが高まっているため、先代とアトツギが同じ目線から会社の未来を考えやすいのかもしれません。先代と落ち着いて話ができる場所やタイミングについて、ぜひ自分に合ったスタイルを探してください。

39

先代と「別の領域」で結果を出す

あるアトツギ社長が「アトツギは周囲の評価を上げるのがたいへんだ。新規事業で結果を出しても『先代の基盤があったからだ』と言われる一方、結果が出せなければ『やはり力不足だったねぇ』と言われる。頑張っても、なかなか褒められない」と話していました。もし、アトツギが先代と同じ領域で同じ仕事をしていれば、なおさらでしょう。結果が出せなかったら「お前はまだまだだ」と言われますし、業績を引き上げたとしても、先代の嫉妬心も手伝い「調子に乗るな」と諭されることもあります。

そこで、もし可能なら、先代とは別の領域の仕事を担当させてもらいましょう。先代が国内市場を担当するならば、海外市場の開拓はアトツギが担当する。既存のルートセールスは先代が担当するならば、EC通販による新規開拓はアトツギが担当する、といった具合です。先代が苦手意識を持っているDX導入をアトツギが担当するのもいいでしょう。私のよく知るある会社では、先代が新規事業を担当し、アトツギが既存事業などを担当する役割分担によって業績を伸ばししています。

アトツギにとって、特定の領域であっても、任せてもらっているうちに結果も出てくるでしょう。そのうちに「この領域ではアトツギにかなわない」と思ってもらえるようになれば、こっちのものです。社内での発言権はだんだん大きくなっていくはずです。

先代との関係を円滑にするには、先代の友人と親しくなっておくこともお勧めです。先代と同じ親世代の人にとって、若い世代はやはり応援したくなるものです。先代の友人であればなおさらでしょう。いろいろな話をしておけば、先代と衝突したときに、中立的な立場で間を取り持ってくれるかもしれません。先代との役割分担についても、直接先代と話し合うのが難しければ、話し合いに入ってもらうのも一案でしょう。アトツギにとっても、自分が知らなかった若き日の先代のエピソードを聞くことで、現在の自分と重なると、先代との接し方が少し変わるかもしれません。

これまで同族企業の事業承継はあくまでも家族の問題であり、第三者にとってはアンタッチャブルな領域とされてきたところがありました。しかし、最近では両者の間に入る専門家を配置する金融機関や支援機関も増えています。大事なポイントは「先代が信頼を置いている人」に間に入ってもらうことです。ぜひそんな人物を見つけましょう。

40

家業に入る前に先代と「覚書」を交わす

同族企業の場合、先代とアトツギは現経営者と未来の経営者という関係にあると同時に、親子など近い関係にもあります。子弟が家業に入る時点で、「後を継ぐのだろう」と社内外から見られることが多く、先代もアトツギもそれを「暗黙の了解」と捉えているところがあります。このため、将来について先代と具体的な「契約」を交わすアトツギは、実際にはほとんどいないと思います。

しかし、しっかり話し合わないまま家業に戻り、先代との間で相互理解より先にあつれきが生まれると、エモーショナルな対立に発展することがよくあります。一度そんな状況に陥ってしまうと、その後はニュートラルな立場で話し合いの機会を持つこと自体難しくなります。

当然ですが、アトツギは先代とは別人格であり、時代観も、目指す組織の在り方も、容認できること、できないことも違います。だからこそ、あらかじめしっかり話しておくべきであり、家業を継ぐことを決断する前に、「儀式として」でも、書類を取り交わすことはとても大きな意味がある、と思います。

とはいえ、家族の間で、第三者承継のような契約書を交わすこと自体ハードルがあるでしょう。ましてやそれが家業に入る前に、先代との間で約束事項を明文化するとなれば、いっそう勇気がいるはずです。

この勇気ある行動を取ることによって、将来起こるであろう、世代交代のゴタゴタによる余計なエネルギーの消耗を減らし、そして、その分を「ワクワクする」前向きな仕事に振り向けられるかもしれません。

ここでは事例をもとに、アトツギと先代の「契約」について考えてみましょう。

Case Study

石川貴也さんは創業120年近い老舗金属加工業の6代目です。前職は日本政策金融公庫であり、在職中には内閣官房に出向するなど活躍していました。33歳の時に家業に戻る決意をしたのですが、その際に、父親である先代と「念書的なもの」を取り交わしました。家業に戻るアトツギにとって参考になる内容なので、石川さんの許可をいただき、全文を掲載します。

40

Case Study

アトツギの覚悟の手紙、親子だからこそ明文化する

側島製罐／石川貴也氏
愛知県大治町／金属加工業

はじめに

「ドラ息子に何が分かるんだ」
「大企業で働いてたやつに俺達の気持ちなんて分かるわけがない」
「あいつの話はみんなで無視しよう」

これは、後継者が会社に入った際に既存の役員や従業員から上がる声です。後継者本人も当然、中小企業での働き方を理解して懸命に働く必要はありますが、このような抵抗勢力を生んで放置するような企業は事業承継に間違いなく失敗します。事業承継を確実なものにするためには社長が先頭に立って後継者をサポートし、従業員に対して理解と協力を求めることが不可欠だと思います。

息子は、日本政策金融公庫でのキャリアを断腸の思いで捨てて、側島製罐に入ろうと思っています。これまで培ったスキルや知見を生かし、側島製罐をより良い会社にし、従業員の雇用や生活を守るとともに、お客様のため、ひいては社会のためになるように懸命に働きたいと考えています。それを父さんと親子二代で実現するに当たって、事前に擦り合わせしておくべき事項を以下にまとめたので、ご一読ください。

なお、今の側島製罐がどのような会社なのか、雰囲気や文化を知らずに書いているので的外れな部分があればご容赦ください。一般的な中小企業という想定の下いろいろ書いてますが、特に「お願いしたいこと」については側島製罐という企業を非難したり侮辱しているものではありませんので、誤解なきようお願いします。

1・お願いしたいこと

マクロな話として、中小企業の経営環境は今後一層過酷になることが想定されます。ＩＴ技術の発展に伴いおおよそのことがデジタルで代替できるようになっている他、政府も世論の声や経済合理性の観点から中堅企業を優遇し、それ以外のいわゆる「ゾンビ企業」になっているところは手厚く保護しない傾向がありそうです。また、近年問題になっている人手不足は人口推移から考えても解消される見込みはありません。そんな過酷な環境を生き抜くためには、固定観念にとらわれず、新しい血を積極的に受け入れて変革し続け、社会に必要とされる企業であり続けることが求められます。それに当たって、最低限必要と思われることを以下に列挙します。

①多様性や新たな価値観を認めること

企業における成長の阻害要因は新しいものや変化を嫌う「前例踏襲」や「事なかれ主義」の文化です。一般的には特に守りの経営に入っている中小企業では、大企業以上に新しいことを受け入れる文化がないといわれています。側島製罐でそのような問題はないと言うことであれば杞憂（きゆう）ですが、今後は社員1人1人が当事者意識を持って働くとともに、中小企業の社長はそのような文化を醸成することが求められると思っています。もちろん、自分が側島製罐に入っていきなり最前線で旗を振って仕事ができるとは毛頭思っていませんが、せっかく外の世界で見て来た知見があると自負しているので、「無駄だ」とか「大企業とは違うんだ」とか言わずに、可能な限り耳を傾けるようにしてください。

②後継者を不必要に非難しないこと

やる気がない人や指示に従わない人をマネジメントの観点から叱責するのは問題ありませんが、知らないことや分からないことに対して怒るのはやめてください。中小企業の後継者は、中小企業での知識やノウハウが圧倒的に不足しているため、それに対して先代がマウントポジションをとって後継者を抑圧しがちですが、そうすると他の役員や従業員もそれに追随し、事業承継に失敗します。息子もこれまでのキャリアで、そのような企業はたくさん見てきました。また、自分の意に沿わない意見や的外れに感じるような提案に対しても怒るのは避けてください。息子がこれまで自分がやってきたやり方を踏襲しなかったとしても、怒らずにその理由を聞くとともに、その意見を尊重してください。

③楽しく仕事すること

これは息子が働く上で一番重要だと考えている価値観ですが、社内外問わず、楽しく働くことを大事にしてください。出来ない理由を探して悦に浸り、愚痴をこぼしてばかりの人のところには、誰も近寄ってきません。逆に、従業員が楽しく生き生きと働いていて、活気があって雰囲気の良い会社には、自然と人や仕事が集まります。

なお、「楽しく」というのは、決して楽をするとかヘラヘラ仕事をするとか飲みニケーションするという意味ではなく、お互いが価値観を尊重し、個々の意見に耳を傾け、従業員一人一人が自律して一生懸命考えて楽しく働くことができる文化を指します。これからの時代、選ばれる中小企業になるためには、役職員が満足して働くための職場の環境づくりはとても重要な要素の一つだと思っています。

④プライベートを尊重すること

自分の妻はフィンランド人です。石川貴也家には何よりも家庭を大切にする文化があります。それを理解・尊重するとともに、役員や従業員の理解を得ることにも協力してください。

2・絶対にやめてほしいこと

絶対にやめてほしい点を以下3点挙げています。

これが約束できないということであれば側島製罐では働けません。また、入社後にそのような発言があったら退職も考えます。今回の事業承継に当たって、以下の点がそれだけ重要なものであるとともに、他人の意見や生き方を強く尊重する息子の信念に強く反することでもあるので、特に重く受け止めてください。

①飲酒に関する価値観の強要および酔った際の不用意な発言

「酒が飲めないやつはダメだ。話にならない。」

「酒が飲めないやつなんて話す価値がない。」

「酒が飲めるやつはやっぱり良いよな。話が分かる。」

このような発言は社長としても親としても言うべき内容ではないと思ってます。言われる側は気分の良いものではないですし、会社ではなおさらやめてください。

「酔っていて覚えていない」というのは言い訳になりません。

②他人の仕事やキャリアを否定すること

「大企業や役所で働いてるやつなんかに1円単位で交渉する俺の気持ちなんか分かるわけがない」

「お前は土下座をしたことがあるのか」

「残業が多くたってどうせダラダラ仕事してるだけで効率が悪いだけだろう」

これも①同様です。

中小企業で働くのが想像を絶するほど大変なのは分かりますが、だからといってそれが他人の仕事やキャリアを否定していいことにはなりません。本人に対しても極めて失礼ですし、その人が働くのを懸命に支えている家族に対する侮辱にも当たります。

また、そもそもですが、そのような排他的な考えで他人の仕事やキャリアを尊重しないということは、企業の成長機会を毀損していることにほかならないと思っています。

③差別しないこと

ジェンダー、人種、思想など、これまで以上に寛容にならなければ人手は確保できないし、社会に選ばれる企業になれないと思ってます。今までの価値観を一度見直して、志がある人はどんな人でも平等で対等にいられる寛容な組織づくりに協力してください。

おわりに

いろいろ書きましたが、上記は決して大企業での文化の押し売りではありません。息子もこれまで働いて、理不尽に感じたことや、おかしいと思ったことは大企業でもたくさんあります。人格否定を3年間受け続けるといった壮絶なパラハラも経験しました。

でも、だからこそ、自分が会社を経営するようなことがあればいい企業にしたいという思いがありますし、これまで全国の大中小企業3000社以上の企業を見てきて、良い企業の共通点としては上記に書いたようなことが徹底されていると思っています。自分をこれまで育ててくれた親と側島製罐の皆さんに恩返しをするとともに、これまで以上に良い会社にして、側島製罐を社会から必要とされ続ける企業にしたいと強く思っています。もちろん、父さんがこれまでつくり上げてきた側島製罐の経営方法や文化は尊重しますし、少しでも早く一人前になれるよう尽力するので、父さんも息子のその思いを理解するとともに、側島製罐での事業承継を良いものにできるよう協力してください。

２０１９年６月　石川貴也

「この覚書を作ったのは決して先を見越してのことではなく、その時の感情に従ってのことだった」。石川さんは当時のことをこう振り返ります。

もちろん長年、会社経営に人生を捧げてきた先代のやり方を否定したり非難することが目的ではありません。今の時代に合わない価値観を変えていかなくてはいけないことをあらかじめ伝えておきたかったそうです。

ただし、先代に自分の考えを伝えただけではありません。石川さんにとっても、この覚書を交わすことにはアトツギとしての覚悟を示すものだったはずです。これだけのことを先代に約束してもらうには、自分も実力をつけて責任を果たさないといけない、と気付いていていました。

家業に入る時点で、これらを宣言することは勇気と胆力のいることです。

それでも、これから会社を引っ張っていく人がワクワクしながら日々笑顔で仕事をすることが、社員、取引先、社会に価値を提供できる。石川さんはそう考えたのだと思います。

41

積極的に恥をかく、「アホかしこ」を目指す

気に入った社員を一人一人採用していけばいいスタートアップとは違い、アトツギは既に働いている社員がいる家業に後から加わります。これはいわば、多くの乗組員がいて先代という船長がかじ取りをして船に、次の船長として乗り込んでいく立場であり、特有の難しさがあります。創業家の家族＝未来の社長として入社してきたアトツギを、社員は「お手並み拝見」と注目しています。ここでは名門大学の学歴もＭＢＡ（経営学修士号）も大企業の職歴も、残念ながらそれほど役に立ちません。

そんなとき、思い出してほしいのが大阪の商人町、船場の商人の古くからの教えです。船場にはアトツギについて、４つの言葉があるといいます。

◆アホかしこ ………能力がないふりができる賢い人
◆かしこかしこ ……賢そうにする賢い人
◆かしこアホ ………賢そうに振る舞う能力がない人
◆アホアホ …………本当に能力がない人

この４つは、商才がある順番といわれています。目指すべきはもちろん「アホかしこ」です。

学歴が高かったり、大企業から戻ってきたりするアトツギへの風当たりはキツいことも多いでしょう。「結果を出せて当たり前」「こんなこと知ってて当たり前」という空気すらある中で、知らないことを知らないというのは勇気がいりますが、そんなときこそ知らないことはしっかり聞きましょう。「分からないので教えてください！」と頭を下げるのです。積極的に恥をかくうちに、教えてくれる人が増え、アトツギの知識も増えますが、それだけではありません。しっかり聞くことで信頼感を高め、社内での味方を増やしていくことにもつながるのです。「ほんとに賢い人はアホになれる人」という船場商人の教えを念じましょう。

アトツギにとって、古参の社員が言ってることやってることは「全くロジカルでなく、理不尽」に見えることばかりかもしれません。一刻も早く改革をしたいと思うでしょう。それでも古参社員は長年、家業を支えてきてくれた人たちです。やぶから棒に、既存事業を否定したり、やり方を一足飛びに変えようとしたりすると、あつれきは大きくなるばかりです。まずはアホかしこになって、同じ土俵で一生懸命働く。そして少しずつ信頼を得ることです。どんなに時代が進化しても、先人との信頼関係を築く方法は地味で地道なものです。未来の経営者として、現場の課題をロジカルに分析する冷静さと、エモーショナルに共感する温かさを併せもちながら社員と接していくうちに、社内からも信頼されていくはずです。

42

どんなチームが理想なのか。事例のシャワーを浴びる

先代がぐいぐいと社員を引っ張る、いわゆる「ボスキャラ」だからといって、アトツギが同じタイプとは限りません。パーソナリティーも時代観も違うわけですから、理想とするリーダー像が違うのはある意味当然です。

先代が強いリーダーシップを持つ場合、そうでないタイプのアトツギの中には「自分には同じようにできない」と劣等感を感じる人がいますが、臆することはありません。先代とアトツギは違う人格なのですから、あくまでも「自分にとって心地よいリーダー像」を実現していけばいいのです。

世の中には、とにかく結果を出し結果によって会社を成長させることに幸せを感じるリーダーも、事業の拡大より堅実な会社であることを優先するリーダーもいます。どちらが正しいという話ではなく、大切なのは、あなたがどういうリーダーだと自分らしくいられるか、です。本当は調和を重んじるボトムアップ型なのに、無理してトップダウン型の経営者を演じても、いずれ続かなくなるでしょう。

自分がどんなリーダーになりたいのかが分からないアトツギもいるかもしれません。そんな

時ほど「正解」を求めて人事コンサルタントなどに頼りたくなるものですが、まずはいろいろなタイプの経営者の話をシャワーのように浴びましょう。さまざまなリーダー像に触れるうちに、「この人の話は共感できる」「この人の話には違和感を感じる」など、自分の傾向が分かってきます。すると、自分はチームづくりで何を大切にしたいのか、どんな会社にしたいのか、どんなリーダーになりたいのかも、おぼろげながら見えてくるでしょう。

チームづくりはデリケートなテーマでもあるので、舞台裏で起こった赤裸々な話はあまり伝わってこないかもしれません。そんなときは、クローズドなコミュニティーなどを活用して、先輩経営者らに直接、質問してみましょう。どういう課題意識から、どんな試行錯誤をして今に至ったのかの過程を掘り下げて、話を聞いてみてください。チームづくり一つとっても、さまざまなケースがあり、そこに経営者としての決断があります。

組織に関しては、どんな会社でも一進一退を繰り返しながら時間をかけてつくり上げています。今の自分を投影しながら先人たちの体験を聞いていると、「焦らなくてもいい」と安心できるでしょう。多くの経営者の事例から自分なりのスタイルを見つけてください。

43

社風はポジティブな社員の人数で変わる

同族企業のアトツギから見れば、古くからの社員は先代のビジョンやキャラクターについてきた人たちです。このため、最初からアトツギのビジョンに共感してくれるわけではない難しさがあり、チームづくりが最も大きな課題だと感じているアトツギはとても多いです。

特にレガシーな業態の場合、長年働いている社員が、自分のテリトリーを堅持するケースがよくあります。このため、その人の持っているノウハウや情報がブラックボックス化。うまく回っているときはいいのですが、組織を変革したいときなどには大きな障壁となることがあります。そこで行動変容を促すために、丁寧なコミュニケーションを重ねてもこれまでのやり方を変えずに周りの社員に悪影響を及ぼすことすらあります。社内に現状維持を望む風土が根強ければ、アトツギが推し進める新規事業や業務改善にはいつまでも拒否反応が起きます。

アトツギはこうした社風を変えていくべきですが、特効薬はありません。まず時間がかかることを覚悟しましょう。

南福岡自動車学校（福岡県大野城市）を経営する江上喜朗社長は「社風は数だ」と言います。江上さんは従来型の自動車教習のコンテンツをエンターテインメントと捉え、面白く学べる学科教材を開発しました。他地域の教習所へ教習コンテンツを販売するなど新たな事業でどんどん業績を伸ばしています。

とはいえ、世代交代のタイミングではベテラン社員が幅を利かせていました。アトツギである江上さんの改革や新規事業に非協力的だったりと、社内のあつれきに相当苦労したと言います。そんな中でも採用に力を入れたことで、若い社員が少しずつ増えていきました。数年が経過し、江上さんのビジョンに共感する社員が半数を上回った時、社風が一気にポジティブに変わり、業績拡大に弾みがつきました。

若い社員と違い、アトツギにとって、ベテラン社員との関係構築は難しいテーマの一つです。子どもの頃、遊んでもらった、先代が世話になった、など、さまざまな理由から、どうしても厳しいことを言いづらいところがあります。しかし、アトツギは会社の存続に責任がありますから、遠慮してはいられません。

ある町工場のアトツギ経営者は、厳しい経営状況の中、再建のために思い切った業態転換をすると社内に伝えた時、番頭だったベテラン社員から「俺たちの将来の仕事をつくろうとしてるんだよな」と味方になってくれたそうです。その言葉がどれほど励みになったか分かりません。ベテラン、新人にかかわらず、同じ方向を向いて走ってくれる仲間を少しずつ増やしましょう。

44

社外の関係人口を増やす

アトツギが新規事業を本格化したいタイミングでも、代表権を持っていなければ社内の人員配置をなかなか変えられません。新規採用も難しく、同世代の社員も協力者も見つからない中、孤軍奮闘するアトツギはたくさんいます。先代が新規事業の重要性を認めている場合も、「そもそも現状の経営にそれほど余裕はない。担当者をつけたり、新規採用に予算をつけたりすることができない」というケースもあるでしょう。

こうした場合、アトツギはまず外部の支援を積極的に活用しながら、自社の事業に関係する社外の人数を増やしていきましょう。

コロナ禍後の地方回帰やリモートワークの流れ、兼業副業など、ライフスタイルの変化は、特にこうした悩みを抱えるアトツギにとって追い風になるはずです。例えば、ピッチイベントやSNSを通して、事業の魅力をアトツギ自身が発信することで、集まってきたデザイナーやエンジニアなどの外部人材にジョインしてもらい、チームを組成するケースも増えています。その分働き方も多様化しており、正社員としての給与は払えなくても、案件ベースで報酬を払う業務委託をはじめ、売上高に貢献したときに手数料を払う「レベニューシェア」という手法もあります。

SNSでやりたいことを発信してるうちに、「レガシー産業のアトツギが、既存の資源を利用してこんな面白いビジネスをやろうとしている、なんだか面白そう、ジョインしたい」という仲間が現れるかもしれません。

ある米袋会社のアトツギは、米袋を頭にかぶって、「新規事業のアイデアを米袋の気持ちになって考えてみる」と投稿をしたところ、ネット上で大いにバズり、そこからデザイナーやクリエイター、そして引き合いも増え、新たな事業につながりました。

またある製薬会社のアトツギは自社の製品開発に必要な研究をしている国立大学の教授を見つけ、毎日のように研究室で「出待ち」をしました。その熱意に根負けした教授と懇意になり、自社のデータを提供しながら、共同開発が始まりました。最終的にはその大学教授が、この製薬会社の研究開発部長に就任して、その後の事業展開に大いに貢献したそうです。

こうして自社の新規事業に関係する人数を増やしていくうちに、将来の右腕となる人材が見つかるかもしれません。いろいろな事情から社内のリソースを使えない時こそ、さまざまな形で積極的に社外の人材に目を向けてみるべきですビジョンを発信することで、社外に仲間を見つけましょう。

45

社外取締役を親族以外から迎える

アトツギは自分が注力したい新しい事業が固まったり、社長就任の時期が見えてきたタイミングで、親族以外の社外取締役を迎えることを検討してみるのも一案です。この時に社外取締役になってもらうのは、コンサルタントなどではなく、少し年上の中小企業のアトツギ社長がお勧めです。さらにいえば業績面においても、先代も認めるだけの結果を出している人がいいでしょう。

同族企業では、家族と会社が近い分、家族間の対立など非同族企業にはないさまざまな問題が浮上することがあります。そんな中で、似た境遇でステークホルダーを説得しながら結果を出してきた経営者にボードメンバーにジョインしてもらうと、社内のガバナンスは一気に改善しやすいはずです。

アトツギは何といっても経営者としてはまだまだ発展途上にある存在です。同じような境遇で同じような経験を重ねて「だんだん経営者になっていった」先輩経営者の存在は、社内のトラブルを乗り越える上で大きな力になるでしょう。

特にアトツギが会社の重要な意思決定に関わるようになった段階では、意見の違いから先代との衝突が増えがちです。こうしたときには第三者である親族以外の社外取締役の存在が抑止力となります。

親族以外の社外取締役の登用は、経営の透明化にもつながるはずです。これまで公私の区別がはっきりしていなかった経費の使い方が見直されていったり、形だけだった役員会議も事前の議案や資料を準備したり、議事録が記録されたりなど、同族企業によく見受けられるマイナスの部分を改善するきっかけになるでしょう。

この取り組みがしっかり機能する前提は、人選がしっかりしていることです。その意味において、社外取締役はアトツギにとってただの応援団ではありません。むしろ、さまざまな経営判断に対して大局観を持ち、状況に応じてしっかり意見を伝えてくれる人でなければならないでしょう。それだけに時にはアトツギに対しても先代に対しても、厳しく接してくれる人を選びましょう。

ただし、社外取締役になってくれた人に対して、家業の株式を渡す必要はありません。あくまでも「会社が良くなっていくための仲間」として、客観的な立場でジョインしてもらうイメージです。

46

同族承継の「カオスと非論理性」と向き合う

同族承継は、強みと弱みが表裏しています。親族の会社だから存続にコミットできる反面、親族の関係と会社での関係が区別できず、大事な意思決定ですら感情が支配してしまい、社内外を混乱させがちです。

「ロジカルに説明しても先代が理解してくれない」というアトツギの声をよく聞きますが、同族企業の経営はロジカルな関係性だけでは成り立っていません。会社では社長と部下だった関係が世代交代を通して立場が逆転しても、家族関係では親子のままなのですから。引き継いだ事業と組織を新しい時代に合わせてアップデートしようとするアトツギが、いつまでもマウントしてくる先代に手を焼くというのはよくある話です。古来からいろいろな分野において世襲によって受け継がれてきたことは多く、家族の愛憎劇は歴史的にもたくさんあります。親子や家族はエモーショナルな部分が大きく、どれだけ歴史を重ねてもロジカルな解決策が生まれていないのだと思います。

だからこそ、同族企業のカオスを無理やりロジカルに解決しようとするのではなく、非論理的、感情的なプロセスをいったん受け入れるのも手だと思います。まずは会社を支配しているカルチャーがどう生まれたのかを、それこそエモーショナルに観察する。そこから自分が目指すカルチャーにアップデートしていけばいいのです。こうしてアトツギが試行錯誤しながら取り組む姿は、時間がかかったとしても最終的に先代や周囲の心を動かすはずです。

同族企業の事業承継というエモーショナルなプロセスに、ロジックだけで向き合ってもうまくいきません。

ロジックを踏み越えて、家業や家族、そして自分自身に向き合うことでしか答えは見つからないのかもしれません。

Case Study

小平勘太さんは農業バイオ関連のスタートアップ経営者を経て、28歳の時に鹿児島市の家業に入社、30歳で代表に就任しました。オンラインコミュニティー「アトツギファースト」ではたくさんのメンバーの事業開発の相談に乗ってくれる頼もしい存在ですが、事業承継プロセスでは苦労があったようです。小平さんが自身のブログで振り返っていた内容を一部紹介します。

46

Case Study

同族企業が引き継ぐべきは「創業者の魂」

小平社長／小平勘太氏
鹿児島市／エネルギー関連商社

あるビジネス書で、「ソース（Source）」について言及していて、興味を持ちました。この本では、ソースとは「傷つくリスクを負いながら最初の一歩を踏み出した創業者のことだ（あるいは、その役割を継承した人物のことである）」と定義されていました。

自分はこのソースを「最初の一歩を踏み出した創業者の魂」と解釈しています。「魂」がウェットな表現ですが自分にはこれがしっくりきます。その魂の承継が、同族企業の事業承継プロセスの成否にどのように関係するかを考えてみました。

私たちは普段のビジネスニュースで経営者の事業承継の失敗例をたくさん見ます。超優秀な後継者を立ててポジションを譲っても2、3年で「あいつは分かってない」とまた自分が返り咲く伝説的な創業経営者というストーリーは、大企業でもよくある話です。

それはソースの承継が世代交代のプロセスの中で行われなかった、うまくいかなかったからではないか。うまくいかなかった事例として自分のケースを少し振り返ってみました。

10年間、事業承継がなぜうまくいかなかったか

うちの会社の先代（親父）から自分への事業承継はうまくいかなかった。10年前に肩書きだけは社長になったんですが、自分は全く当事者意識がなく、コンサル気分で会社に関わっていました。もちろん自分自身に受け入れる器がなかったというのも理由ですが、次の代でも繰り返さないために原因を構造的に考えてみます。

ちなみに、自分は4代目ですが、先代が少人数で本体からスピンアウトして一代で大きくした会社なので先代は実質創業者のようなものです。ちなみに先代は、とんでもなく優秀でエネルギッシュな人です。そして私も、自画自賛ですが、客観的に見るとなかなか優秀な部類に入ると思います。その二人がそろって、事業承継がうまくいかない典型パターンにとことんハマっちゃったわけです。

46

Case Study

うちの会社の10年前の事業承継のプロセスを具体的にいうと、

1・肩書きだけは自分が社長になった、先代は会長
2・社長になったが全ての決定には先代のチェック／承認が必要だった
3・先代と社長は親分子分の関係で結ばれていて、全員先代のほうを見ていた
4・ミッション、ビジョン、バリューなどの統治ルールは明文化しておらず、先代の言葉が全てだった。

というパターンでした。

こんな状態で、「何を話しても周りに理解してもらえん」と自分は経営のやる気を完全に喪失してしまって、その間、新規事業に没頭し、「経営」に従事することなく10年が過ぎます。その後、２０２２年に会社のピンチを契機に自分が経営にようやく本気になり、先代の承認は取らない状態で、会社の変革を一気に起こしました。

その後のミッション、ビジョンを発表した全社集会の最後の挨拶で「自分が今初めて社長になれた気がする」と言ったのを思い出します。それから、やっと最

近、社長就任から10年遅れて、うちの会社もようやくソース（創業者の魂）の承継プロセスに入ってきたと思っています。

創業者の魂の承継プロセスをどう起こすのか

創業者の魂の承継というのは肩書きの譲渡でも、株式の譲渡でもありません。誰を親分として認めるかという部下の承認ですらなく、もっと、ドロドロとした文化人類学的なプロセスだと感じています。

ではいったい何が大事なのか。今、手触りとして感じていることを書いてみます。

①先代の魂から生まれた無意識化のカルチャー（深い価値観）と向き合うこと

「先代が直接的に決めたことは変えてはいけない」というカルチャーが自分の中にも、会社のメンバーにもありました。「ロジカルに考えたら絶対そうするべき判断」が無意識に「これは先代が決めた事だからと」制限されて、なぜかできていなかった。これは、完全に無意識化にあって自分の行動を制限する、まさに組織の中にあるカルチャーと呼ばれるものです。

② カルチャー＝「内なる先代」を昇華させること

社員100人いたら、100通りの「内なる先代」＝「カルチャー」＝「無意識に行動を制限しているもの」がある。そして、事業承継のプロセスで、そのカルチャー（内なる先代）を社員全てが認識し、次の段階に昇華すること、つまり自分の中で受け入れて、新しいバージョンに進化させることが必要です。

③ MVVを通じた「自分ごとから始まる組織」に進化させること

MVV（ミッション、ビジョン、バリュー）がない、または定着していないというのは、事業承継において危険です。MVVが社長の言葉の上位にあるというのが重要です。社長の言葉にカルチャーが縛られるのではなくて、目指すべきカルチャーの定義が存在することが大事。そうでないと、皆が社長の言葉を待つようになり、誰も自主的に動けない組織になる。私の場合は社長に就任した当時、MVVが無かったのは大きなマイナスだったと思います。

④ソースの承継は「先代の存在を忘れた仕事」の先にあった

うちの場合、ソースの承継は、突然発生しました。取締役会で私が先代に対して「親父の介入はもう不要だ、いつまでやるのか」と言い始めたことから始まりました。3時間くらい実質二人で議論したのですが、終わった後に、先代の番頭さん的な役員の方に「今日が真の事業承継でしたね」と言われたのが印象的でした。正直、内容はあんまり覚えてないんですが、感覚として、この日に「創業者の魂」が引き継がれた感覚がありました。(そしてその後、1週間寝込みましたが……)

ソースの承継につながる良い仕事というのは、先代の模倣でなく、殻を破った先にある。うちの場合は、カルチャーの影響で皆が無意識の縛りの中にあったのですが、会社のピンチをきっかけに、後継者である私が殻を破り、その上でソースの承継が行われたというプロセスでした。このソース承継のプロセスはロジカルに説明ができるものではないのですが、自分自身の記録として残しておこうと思います。

5

章

社長になるまでのファイナンス対策

47-54

アトツギは、かなりの確率で数年後には経営者になります。世代交代をする前に、金融機関との付き合い方、決算書の見方、資金繰り、資金調達など、ファイナンスについてもざっくりと知識を深めておきましょう。

私たちの周りにはいわゆる「意識高い系」のアトツギがたくさんいますが、そんなアトツギでも、経営や組織についてはよく学んでいるのに「決算書の見方についてはいま一つ」という人がけっこう多いです。学ぶ必要性は漠然と感じているものの、次から次へと発生する現場の緊急性の高い事案の対策で手一杯になっています。お金周りのことは今のところ先代が見てくれている（はず）なので、後回しにしよう。こんな感じです。

でも、特に中小・零細企業の社長ならば、必ず関わらないといけないのが、財務であり、銀行などの金融機関との付き合いです。

ドラマでも金融機関は、よく中小企業の社長の味方になったり、時には敵にもなったりします。いつか経営者として自分が相対するときのことを考えて、仮想して演習をしておく。これはとても強い武器となるはずです。

例えば、「社長、決算書のこの部分はなぜ増えているのですか？」と尋ねられたときに即答できなければ、1回の面談の濃度がガクッと下がってしまいます。金融機関の担当者は、アトツギが考えている以上に「経営者が自社の財務内容を理解しているか」、あるいは「経理担当や税理士に任せきりになっていないか」を見ています。こちらが自社の数字をつぶさに知り尽くしておけば、さまざまな提案をしてくる金融機関とのやり取りがより建設的となり、今、本当に必要な資金調達なのかなど、判断の軸になります。

ここでは、アトツギが社長に就任するまでの間に、「お金」についての知識を身に付けられるようなヒントをいくつか書いていきます。社長就任後、目の前の業務に忙殺される前に少しずつでいいので関心を持つことから始めていきましょう。

答えのない経営の中で、「お金」にまつわる知識や、資金調達の選択肢のメリット・デメリットを知っておくことにより、判断・決断に自信がつき、目指すべき姿に近づいていくことができるはずです。

47

まず家業の懐事情を知る

「お金」のことを考えるときに大事なのは、中長期的にどんな会社でありたいのかというゴールが前提になります。その上で、どんな財務状況にしたいかを構想します。

その一歩として、現在の自社の状況の把握、懐事情を理解しておくことが大切です。自社の決算書を分析し、次の決算期の予算など今後の方針、それに伴う過去・現在、そして未来の財務状況の推移を把握します。

この前提があれば決算書もスッと入ってくるので、アトツギはまずお金周りの勉強の第一歩としてもよいかもしれません。この自社財務の分析が難しいのであれば、月次→直前期との比較などしながら一つずつ財務の疑問をクリアにしていくのがいいでしょう。

それも難しい、分析はハードルが高いという方は、過去の決算書を3期以上用意して「エクセル」に自身で1科目ずつ入力してみてください。あえて、1科目ずつ改めて手入力することで、お金の流れを感覚的にでもつかむことができます。その上で、前期の数字との比較を行い、増減が大きかった科目に印を付けていくのもいいかもしれません。

ただし、BS/PL（貸借対照表/損益計算書）の科目の意味が分かっても、決算書が読めるようになったとまではいえません。どんな財務諸表にしたいか、そしてどの科目をどう変化させれば会社は財務的に良くなるのか、また悪くなるのかがあってこそ、BS／PLの見方が分かったといえるでしょう。この観点があると、だんだん決算書を見ることが楽しくなってきます。

注意したいのは、企業の資産はBSにある流動資産・固定資産だけではないことです。先代、従業員、取引先の人脈や業務マニュアルなども、会社にとっては大きな強みとなります。そしてこうした決算書に載っていない資産こそ、家業に眠る宝物です。よく「うちの会社はなぜ続いているか分からない」という経営者がいますが、家業が続いていくのには、やはり相応の理由があります。それをひもとき、今ある資源をベースに家業を成長させることができるのはアトツギだけです。

家業の懐事情を知ろうと思っても、中には、「先代がどうしても決算書を見せてくれない」というアトツギがいます。「まだ自分が現役だから見せない」、「業況が良くないから見せたくない」など理由はさまざまかもしれません。しかし、未来の経営者であるアトツギが決算書を見ないというのは、自分の貯金額や生活費を把握しないまま日常生活を送るくらいに危険なことです。先代や経理の担当に懇願するなり、どんな手を使ってもいいので、決算書を確認しておきましょう。

48

家業の財務の「クセ」をつかむ

中小企業において特に顕著なのが、「財務において、会社に経営者の性格が大きく現れる」という点です。特に代々続いてきた企業ほど、決算書には経営者の特徴が顕著に現れるケースが多いようです。

正解のない経営だからこそ起こり得る事態なのですが、この状況はアトツギからすると、やはりとてもやっかいです。そのため、ステークホルダー（株主、取引先、金融機関など）に対しては、単純に「黒字か赤字か」ではなく、クセの詳細について丁寧に説明することを心掛けましょう。そこが自社独自の強みであったり、もしくは長年続くウィークポイントであることも、ままあるからです。

ステークホルダーが知りたい（聞きづらい）ポイントをアトツギがしっかりと説明することで「財務に明るい」印象を与え、信頼が得やすくなります。そのような信頼関係を構築した上で、アトツギ自身が手掛けた新規事業や業務改革によって変化したパラメーターも併せて理解してもらうと、後継者の段階から社外の協力者を増やしていくことができます。

そのためには、ステークホルダー（特に金融機関）は何を知りたがっているのか、あるいはどういう箇所を見て決算分析をしているのかを知っておいたほうがいいと思います。よく金融機関はＢＳ（貸借対照表）を見ているといわれているようですが、実際にはＰＬ(損益計算書)もしっかり見ています。まずは両方をしっかり見ていることを知ってください。

まずＰＬについて、外的要因（新型コロナウイルスの流行、物価高騰など）により、大きく収益構造が変化し赤字化してしまったという会社は少なくありません。そういった場合に金融機関が融資を検討する際にＢＳは非常に重要です。

ＢＳのうち、一般的に重要視するといわれる流動資産についても、具体的には売掛金や棚卸資産（在庫）の中身まで精査する場合がほとんどです。固定資産についても「うちの会社は不動産をたくさん持っているから大丈夫」ではなく、それぞれ不動産を評価し現金化した場合の価値も調査しています。そして当然ですが負債残高が返済可能な範囲か、自己資本が積み上がっているか（自己資本比率）などを詳しく見ているのが金融機関です。

一方で、ＰＬについては一期分の単なる結果ではなく、「なぜ」そうなったのかを分析しアウトプットできるようにすることが大切です。数字を継続して見ることによって、決算書上の相関関係を知ることができ、今までの改善点や今後どのように事業を展開していくのかという指針になります。税理士や金融機関の担当者に直接質問することも恥ずかしいことではありません。アトツギだからこそ、積極的に決算書を「読む」習慣をつけてみましょう。

49 資金調達の手段を一通り知っておく

一般的に企業の資金調達の手段としては、金融機関からの借り入れや、VCからの出資、他には補助金やクラウドファンディングなどがあります。また、同族企業については「スイートマネー」と呼ばれる経営者自身や親戚、友人などからの借り入れもよくあるケースです。

改めてになりますが、ここで大切なのは、「なぜ資金調達をするのか」という観点です。これは資金調達だけの話ではなく、経営全般にも当てはまります。

主な資金調達方法

出資	融資	社債	補助金 助成金	その他
投資してもらう。利益に対して配当を行う。	借り入れを行うこと。元本の返済に加えて、金利を支払う。	投資家から資金提供を受ける代わりに、満期まで利息を支払い、期日に償還する。	投資家から資金提供を受ける代わりに、満期まで利息を支払い、期日に償還する。	投資家から資金提供を受ける代わりに、満期まで利息を支払い、期日に償還する。
・公開 ・ベンチャーキャピタル ・ファンド ・個人投資家 ・親会社	・金融機関 ・制度融資 ・保証協会付融資			

資金調達には正解がありません。蓋を開けてみると資金調達しなくてよかったというケースもありますし、資金調達の目的やゴール、調達後の事業進捗に照らし合わせて初めて、その資金調達手段が適切だったのか、そうではなかったのかが分かることもあります。だからこそ、中長期的にどんな会社でありたいのかという土台、つまり、ビジョンや経営理念があり、どんな財務諸表にしたいかを構想しておきましょう。そのためにどんな施策が必要なのかを考えていき、資金が必要なもの、不必要なものを含めて整理していきます。

ただ、大前提として重視しておいたほうがいいのは、自社がどのような手段がとれて、どのような手段はとれないのかを常に把握しておくことです。これは会社の規模、業種、地域によっても変わってきます。1年前は銀行融資ができなかったが、今年はできるようになったということもあります。逆もしかりです。

例えば、事業再構築補助金や、その他補助金を活用するのも、一つの資金調達手段です。事業費のうちの3分の2や半額を補助してくれるものが多いようですが、気を付けなければいけないのは、補助金は後払いであるということです。まずは自社のキャッシュを使って事業をつくり、年度の終わりに報告をした後に補助金を受け取る形なので、活用するにはキャッシュフローをしっかり予測しておく必要があります。そういう場合は、地域の金融機関に相談するのも手です。

49

金融機関は、一昔前ではアトツギにはあまり関心を持っていませんでしたが、近年では信用金庫や地方銀行をはじめ、地元のアトツギの新規事業を支援する金融機関が増えています。まずは、コンタクトして何ができるのかを相談してみましょう。場合によっては、一緒に先代を説得してくれるかもしれません。

資金調達をめぐる環境は変化する前提ですが、例えば2022年時点で、中小企業庁の中小企業政策審議会金融小委員会でも中小企業とエクイティファイナンスについて話し合われています。エクイティファイナンスを選択する中小企業は現状多くないですが、今後はもっと一般化する可能性もあります。ステージや状況に応じて、自社にあった調達方法に決められるように、あらゆる可能性を捨てずにアンテナを張り続けておきましょう。そして、それをリストアップし、常に「自社が使えるかどうか」は把握しておくのです。常に状況は変化しており、そこにフィルター無しでアンテナを張るのもアトツギの役割です。

一般的には破産や不渡りを出すと、その先の金融機関からの資金調達は通常より難しくなることも、あらかじめ認識しておきましょう。会社の存続のためには日々の資金繰りを支える資金が必要です。しかし、何をするにも不渡りなどによる信用失墜から審査のハードルはとてつもなく高くなります。

アトツギの中には、家業の業績不振や債務超過など、苦しい状況の人もいると思います。それでも会社が困難な状況に陥りながらも、「家業を潰したくない、清算はしたくない」との思いから、取れるわずかな手段に泥臭く取り組み、家業を残したケースはいくつもあります。家業で「社会的に価値のある事業」をしていて、本当に企業永続のために覚悟して動く人がいれば、やはり助けてくれる人が現れることがあります。

関西にある祖父が創業した製材・材木の卸売会社の場合、祖父から父が事業を継いで業態を拡大していましたが、阪神・淡路大震災により大打撃を受け、さまざまな要因が絡み、不渡りを出して差押えも受けてしまいました。時を同じくして、息子である現社長が事業を承継。銀行から融資を受けることができなかったため、毎日現場に出てとにかく小さな仕事を何でも受けながら、何か将来の事業になるようなビジネスがないかを検討し続けていました。ちょうどインターネット販売が流行し始める直前であり、現社長は消費財が中心だったインターネット販売で、建築資材関連の販売事業を開始しようと思い立ちます。地元経営者50人を一人ひとり訪問し、ビジネスモデルをプレゼンしたところ、数人が出資してくれることになり、ビジネスをローンチできました。今でいうエンジェル投資ですが、その後、この事業は急成長し、やがて7つの会社を傘下におくホールディングス企業になりました。エンジェル投資で息を吹き返した経験から、現在ではスタートアップへの投資事業も行っています。

50

金融機関のアポに無理やり同席する

資金調達を考えないといけない時ときに相対するのは銀行や信用金庫など金融機関の担当者です。銀行と聞くと、身構えるアトツギもいるかもしれませんが、そんな必要はまったくありません。いつもと変わらないスタンスで接してください。特別なもてなしなどはもちろん不要ですが、訪問しやすい雰囲気をつくっておくことは、必ず会社のためになります。

金融機関への対応は先代が中心になるため、アトツギの場合、金融機関の担当者と接する機会はあまりないかもしれません。それでも早い段階から資金繰りに関心を持つことは大切であり、アトツギにお勧めなのが、社長宛に訪問してくる銀行との面談に多少、強引にでも同席することです。

経営者になると金融機関との付き合いは必須です。無借金経営の企業も預金・為替業務、不動産やＤＸなど、さまざまな分野で銀行と関わります。金融機関は本部や支店の動向、担当者の技量など、さまざまな背景が複雑に絡み合っていますから、いつか来る金融機関と相対する日のために、その常識・ルールも理解しておきましょう。

先代は最初は面食らうかもしれません。またアトツギにしても最初はなかなか話の内容が理解できなくて居心地が悪いかもしれません。また、最初は横に座って話を聞くだけかもしれませんが、むしろそれで十分です。未来の経営者候補であるアトツギである以上、同席する権利があると思って臨んでください。そのうち理解できる領域が増えていくと、決算書を読むのも楽しくなっていきます。

金融機関に対しては、情報開示を適切に行うことが信頼関係の構築を進める上で有効です。アトツギならば、未来の経営者として経営計画書を策定して、決算終了後に金融機関が求めていなくても報告するくらいの積極性があってもよいでしょう。ネガティブイシューを早期に共有するなど、火事になったからではなく、火事になる前から対策を考え、そのための手段を増やしておきましょう。

金融機関には幅広い情報もあり、その活用も一案です。気になる業界のトレンド情報や経営者のつながりも持っていることでしょう。売上高の拡大支援に力を入れている金融機関が増えています。「新しい市場への参入に挑戦するので販路を紹介してほしい」と相談すれば、金融機関が持つ情報を基に、ビジネスマッチングや、事業アイデア自体のブラッシュアップなど伴走してくれます。ぜひ自社の成長のために、金融機関を味方につけてください。

51

未来の姿を共有できる税理士を探す

同族企業では代々、地元の税理士事務所にお世話になっている、というケースも多いでしょう。それでも、世の中の流れは大きく変わっています。例えば、会社は地方にありながら日本全国・海外に進出するアトツギはどんどん増えています。このような状況の中で、特に世代交代のタイミングで発生するのが、アトツギと顧問税理士や会計士、金融機関との意識のギャップです。

アトツギと先代では、経営環境も時代観も違います。このため、どんな人物に会計士・税理士を担当してもらうかについても、ギャップが生じることがあり、アトツギの考えに先代までの会計士・税理士の知識が追い付いていないケースが散見されます。

ある会社では、3代目の社長が先代時代からの顧問税理士に「IPOを目指す」と伝えたら「IPOって何ですか？」と真顔で返されたそうです。「とてもではないが、この人と同じ未来を目指せない」と考えた結果、世代交代のタイミングで、自分とは同世代の税理士に替えたそうです。

このケース以外にも、税理士を替えたら、今までにないアドバイスをくれて損しなくて済んだという声はよく聞きます。税理士は「決算書を作ってくれる人」ではなく、ビジネスパートナーなのです。金銭的、あるいは機会的なロスを減らすためにもコミュニケーションを密にしていきましょう。

世代交代は家業が持つしがらみや負の要素を清算する絶好の機会です。社長に就任する前から、同じ時代感覚・アンテナを共有できていると思える税理士と接点を持つようにしましょう。そして、ナレッジのみならず相性も含めて、会社の未来を本当に一緒に実現していけると思える専門家にお願いする準備をしておきましょう。また金融機関が税理士を紹介するケースも増えていますから、ひとまず話を聞いてみるのもいいかもしれません。

結果的にこれまで家業を見てきてくれた税理士にお願いするケースもあると思います。これから目指したい会社の在り方や、最新情報にアンテナが立っている税理士なのか、自身が経営者としてビジネスパートナーとして会社の未来を共に歩める存在なのかを考えて、一緒に成長していくことのできるパートナーを見つけください。

52

理想の株主構成をデザインするため、まず今を知る

円滑に事業を承継する上で、会社の株式をどう引き継ぐかはアトツギにとって非常に大きなテーマです。自社株の承継について考えるには、株主構成、自社株評価、承継手法の3つの観点を押さえることから始めましょう。

まずはじめに、株主構成についてです。一般的にファミリー企業の場合、親族で自社株の大半を保有していることが多いのですが、家業だからといって家業に関係している親族のみで保有しているとは限りません。意外に多いのが、遠縁の親族や、過去の従業員ら、現在経営に関与していない株主が多数いるケースです。

自社株の分散を放置すると、重要な経営判断に影響が出ることがあります。

株式には、重要な経営判断を行う際に必要となる議決権があります。保有する議決権比率に応じて株主が行使できる権利は異なります。先代が遺言を残していない状態で亡くなると、アトツギ以外に先代の配偶者や兄弟に自社株が相続され、保有する株式の比率によっては経営に関与しない配偶者や兄弟に拒否権や支配権が与えられるケースもあるので注意が必要です。特に株主間で意思疎通が取れていない場合、アトツギがいざというときに自由に意思決定できな

いリスクが生じます。親族以外の株主が多い会社の場合にはこのリスクはさらに高まるでしょう。

株が分散している場合には、買い取り請求についても知っておくべきだと思います。事業承継や株式に関する情報はインターネット上にあふれており、保有している株式を高値で買い取ってもらえるように、さまざまな策を巡らせる株主がもしかするといるかもしれません。万が一、高額な買い取り請求に応じることになれば、会社からは想定外のキャッシュが出ていくほか、汗水流して働く従業員から不満が出てもおかしくありません。

このような事態を避けるためにも、まずは自社の株主構成を正確に把握しましょう。株主名簿を基に、現株主の属性や、どのような経緯で現在の構成になったのかを先代に確認し、家業の歴史をひもといていきます。さらに議決権比率に応じた権利についても調べてください。株式に特定の権利を付与することができる「種類株」も有効なツールになり得るので、概要を押さえておくことをお勧めします。

経営者が十分な議決権を保有しないことのリスクを踏まえ、家族としっかり話し合うことが、結果的に後々のトラブルを回避することにつながります。将来自身が理想とする株主構成をデザインできるように、まずは家業の今の状況を知りましょう。

53

家業の株価総額を算定しておく

多くの同族企業は株式を上場していません。非上場企業の株価は上場企業と異なり、右肩上がりに上昇しやすく、流動性が極めて低いという特徴があります。

上場企業の株は市場の評価によって株価は明瞭に決まり、売り手も買い手も多数いるため流動性があります。一方、非上場株式の場合は一般的には利益を出し、企業の純資産が積み上がるほど株価は上昇していきます。また、非上場株式が活発に売買される市場は充分に確立されていないので、売りたいときに現金化できる保証はありません。

こうした違いから、アトツギや家族にとって自社株は「換金できない巨額の資産」となることがあります。

仮に業績絶好調の最中に先代が急逝し、相続財産の大半が自社株で現金がほとんどないという状況に直面したとしましょう。この場合、アトツギは自社株を引き継ぐには多額の資金が必要なため、相続税額によっては納税資金を捻出するために金融機関から借り入れをしたり、長年にわたって役員報酬から返済に充てたりしなければならなくなります。また、相続人が複数いる中で、アトツギに相続財産が大きく偏ることに納得しない人が出てくると、これが家族内のもめ事につながることもあります。

こうした金銭トラブルを避けるためには、現在の自社の株価総額がいくらであるかを知り、あらかじめ納税資金を準備する必要があります。最新の株価を知る方法としては、税理士に確認するか、多くの金融機関が提供している無料算定サービスを活用することが一般的です。株価総額を保有株式比率に照らし合わせ、誰がどの程度の金額にあたる株式を保有しているかを把握しましょう。

将来の株価のシミュレーションを行っている機関もあるので、好業績が見込まれ株価が上昇しそうなタイミングや、一時的に株価が下がりやすいとされる先代の退職金を支給するタイミングを視野に入れながら、先代と共に承継計画を考えてみてください。事前に対策を講じ、納税資金の確保ができていれば、万が一の際も落ち着いて対応することができます。

今まで家業を守ってきた家族と金銭問題でもめてしまうことほど、悲しいことはありません。アトツギが自社の株価について詳しくなることは、家族と家業を守ることに直結します。センシティブであり難しいテーマではありますが、だからこそ一つひとつ丁寧に調べて学ぶよう心掛けてください。

54

承継手法を徹底的に検証しておく

どのような承継手法があるかを事前に知っておくことは、アトツギにとってたいへん重要です。「先代がきちんと考えて、進めてくれているはずだ」と考えるアトツギが多いのですが、実際には放置されているケースが多いです。アトツギはあくまでも自分事として捉え、数ある選択肢を徹底的に検証し、ファミリーの納得度の高い承継手法で進めるべきです。これができれば自社株絡みのトラブルが起こる可能性も抑えることができるでしょう。

承継手法を考えるに当たり、注意すべきは事前の検証漏れを起こさないことです。株主構成や株価対策を万全にしたとしても、適切な承継手法を選択できなければ、承継計画が水の泡になってしまうかもしれません。にもかかわらず、メリット、デメリットを十分に理解していないまま、付き合いが長いというだけで、税理士や金融機関に勧められる通りの承継スキームを組んでしまうケースが少なくありません。例えば、自社株の承継後に、他の経営者の話を聞いて「知らなかったが、そんな方法もあったのか」と気付くようでは、自分の対策に落ち度があったと言わざるを得ません。自社にとって最適な手法であるのか、先代に任せきりにせず、アトツギの目でも慎重に検証しましょう。

承継の手法は生前贈与・相続・売買の3つに大別されるため、それぞれの価格や税務の特性を理解し、議決権と金銭面の観点から、誰に、どのような影響が及ぶのかを整理することから始めてください。また、税制改正があると、大きく方向性が変わるので注意が必要です。

検討段階において最も重要なことは、さまざまなケースの比較です。その際に行ってほしいことは、複数の業界から話を聞くことです。例えば同じ金融機関でも銀行と証券会社は得意なスキームが異なります。ともにさまざまな事例を持っていて税制改正の最新情報にも対応した提案をしてくれますが、ビジネスとして関わっているので、思惑もそれぞれ違います。また、税理士にもそれぞれ得意分野がありますから、事業承継に強い人を探し出して相談するのも有効です。経営者にとって自社株の承継は、一生に何度も起こることではありません。事前に情報を収集し、石橋をたたきまくって、準備をしてください。

自社株の承継は同族企業の経営者、アトツギにとって避けては通れない道です。家族間でもデリケートなテーマなので話すこと自体ちゅうちょする気持ちは分かります。このため、先代が一人で抱えてしまうケースもあるでしょう。そんなときに先代の思いを誰よりもくみ取ることができるのはアトツギであるはずです。自分一人の利益のためではなく、家業が世代を超えて永続するために必要なプロセスであることを家族にもステークホルダーにも丁寧に説明して理解してもらい、ファミリーで最善の選択をとれるよう、働きかけてください。

データ編

データを踏まえて進むべき道を探ろう

アトツギの現在地を考えるとき、大きな示唆を与えるのがさまざまなデータです。

若い世代のアトツギは成長・投資意欲にも長けており、デジタルネイティブでもある、と思います。一方で日本経済の停滞を目の当たりにしてきた世代でもあり、中国など新たな海外の成長パワーを前に、強い危機感を持っています。だからこそ、アトツギを巡る環境が今どうなっているのかをしっかり知ることが重要であり、データを踏まえながら、進むべき道を探ってほしいと思います。

振り返れば、事業承継が政府における政策課題として掲げられたのは２００８年であり、経営承継円滑化法や優遇税制も創設されました。しかし、結論から言えば、さまざまな手を打ったのにもかかわらず、世代交代は進みませんでした。なぜかと言えば、やはりその頃（00年代初期）の経営者層はピーク年齢は50歳代であり、働き盛りの経営者が多かったことが挙げられるでしょう。多くの経営者は「事業承継など関係ない」と、どこ吹く風だと捉えていたのかもしれません。

その後、日本経済を支える経営者層はどんどんと高齢化が進んでいます。ピークが70歳代に突入する中、政府は新たな手を打ちます。18年に、「特例事業承継」という抜本的な税制改革が政策課題として大きく掲げられました。アトツギを巡る環境は少しずつですが整ってきており、この追い風を生かしましょう。

スタートアップはベンチャーキャピタルが集中する首都圏に偏在していますが、アトツギは全国津々浦々に広く存在している点に大きな特徴があります。またアトツギならではの強みもデータからは浮かびます。ここに挙げたデータも参考にしながら、それぞれの地域にあったやり方を探ってみてください。

若いほど成長・投資意欲が高い

- 年代別に成長・投資意欲を比較すると、全体として若手ほどチャレンジ精神が高いことが分かる
- データが示す通り、経営者年齢が上がるほど、リスク回避の傾向が高くなる。
- 経営者年齢が上がるほど、投資意欲が低下していく。特にＩＴ投資、人材投資、海外展開投資、広告宣伝投資については、年齢ごとの投資意欲の差が、若年層と高齢層でより顕著になっている。
- ＶＵＣＡ（ブーカ＝変動性・不確実性・複雑性・曖昧性）時代において、経営者の成長・投資意欲は、より一層重要になってきており、事業承継を考える上で注目すべきポイントだといえる。

Data.1

経営者の年齢別に見た今後3年間の投資意欲

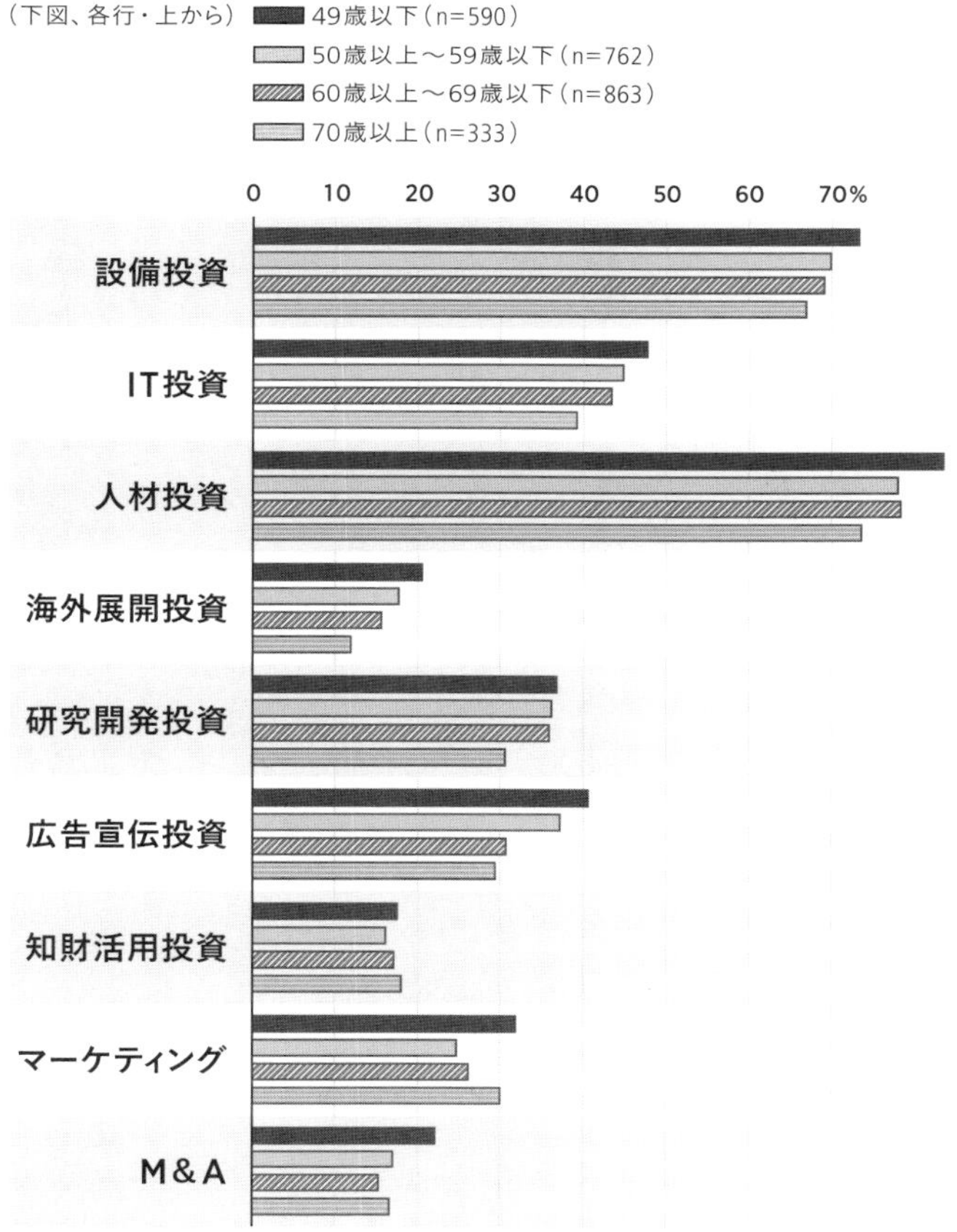

(出典)中小企業庁　中小企業政策審議会基本問題小委員会(第8回)(平成28年11月28日)
資料3　事業承継に関する現状と課題について

(注)　複数回答のため、合計は必ずしも100%にならない。

若き成長チャレンジの効果
～事業再構築～

- 成長チャレンジの具体例として、事業再構築への取り組み状況に着目すると、明確に経営者年齢が若い企業ほど事業再構築に取り組む傾向があることが見て取れる。
- 左図によると事業再構築が売上高・付加価値額・従業員数に好影響を与えることが示されており、若い年齢のチャレンジが企業の成長に好影響を与える一つの例ともいえるのではないか。

Data.2

事業承継時の経営年齢別に見た、事業再構築の取組状況

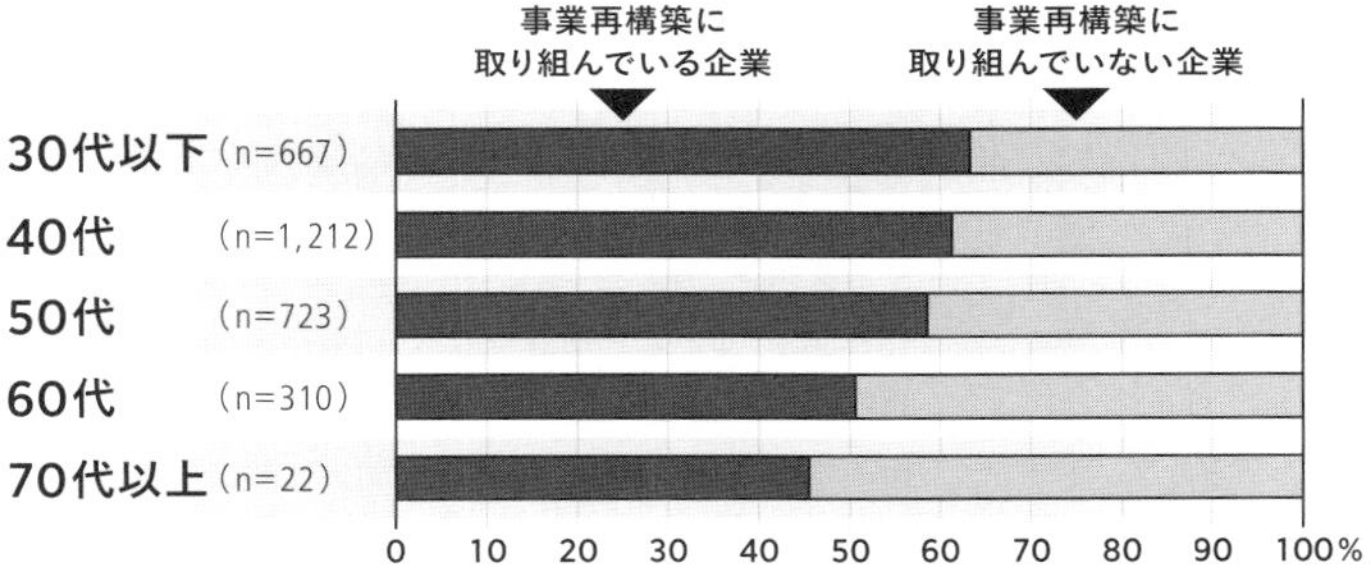

（出典）2023年度版中小企業白書

（注）1. ここでいう事業再構築とは、新たな製品を製造又は新たな商品若しくはサービスを提供すること、製品又は商品若しくはサービスの製造方法又は提供方法を相当程度変更することを指す。
2. ここでの「事業再構築に取り組んでいる企業」とは、事業再構築の取組状況について、「新規市場で、既存製品・商品・サービスを展開」、「既存市場で、新規製品・商品・サービスを開発・展開」、「新規市場で、新規製品・商品・サービスを開発・展開」のうち、いずれか一つでも回答した企業を指す。「事業再構築に取り組んでいない企業」とは、「特に実施していない」と回答した企業を指す。

事業再構築の効果

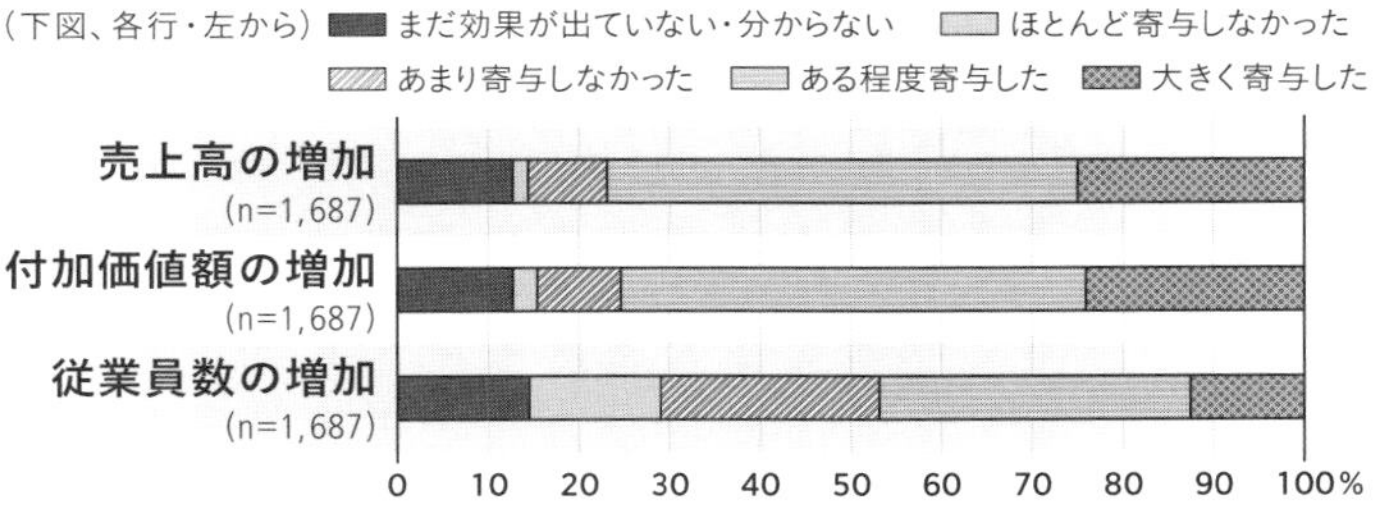

（出典）2023年度版中小企業白書

（注）1. ここでいう事業再構築とは、新たな製品を製造又は新たな商品若しくはサービスを提供すること、製品又は商品若しくはサービスの製造方法又は提供方法を相当程度変更することを指す。
2. 事業再構築の取組状況について、「特に実施していない」と回答した企業は除いている。
3. 付加価値額＝営業純益（営業利益－支払利息等）＋役員給与＋従業員給与＋福利厚生費＋支払利息等＋動産・不動産賃借料＋租税公課＋役員賞与＋従業員賞与とする。

事業承継実施企業のパフォーマンス
～年齢別～

- 事業承継実施企業の承継後5年間の売上高成長率および当期純利益成長率を事業承継時の年齢別に見たもので、事業承継は企業のパフォーマンスに影響を与えているといえる。
- 各図の「全体」が示す通り、事業承継時の年齢にかかわらず、事業承継後の成長率が売上と純利益の双方において同業種平均値を上回っており、事業承継後に企業のパフォーマンスが向上したといえる。
- さらに事業承継時が39歳以下の企業において、当該パフォーマンスの向上が他の世代と比べると、より顕著に現れている。

Data.3

事業承継時の年齢別、事業承継実施企業のパフォーマンス

（事業承継後5年間の平均値）

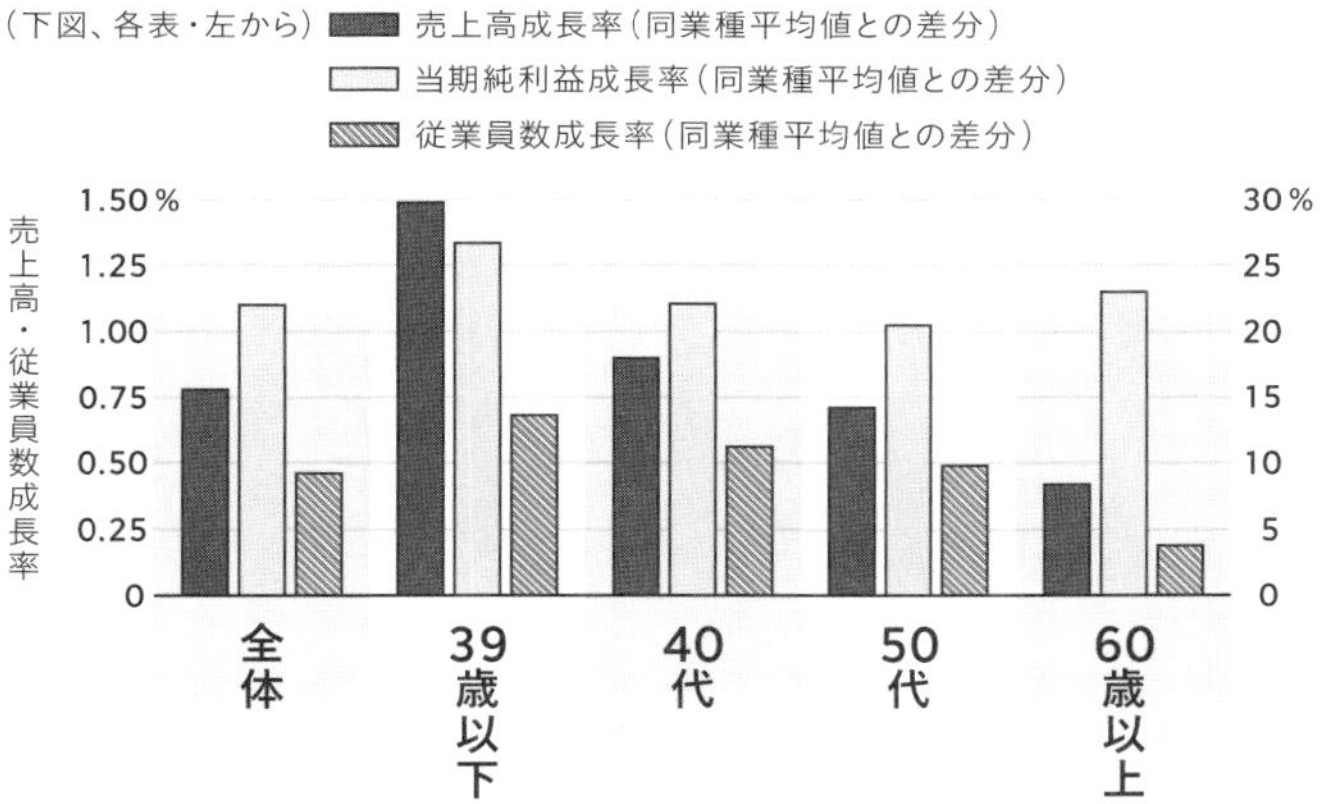

（出典）2023年度版中小企業白書

（注）1. 2010年～2015年に経営者交代を1回行っており、経営者交代からその後5年間の売上高、当期純利益、従業員数の数値が観測できる企業を分析対象としている。
2. 成長率の数値は、マクロ経済の影響を取り除くため、経営者交代を行った企業の成長率の平均値と同分類産業の成長率の平均値との差分である。また、事業承継後5年間の平均値を算出している。
3. 売上高成長率、当期純利益成長率、従業員数成長率が95パーセンタイル以上または5パーセンタイル以下の観測値は外れ値として除外している。

事業承継実施企業のパフォーマンス
～方法別～

・事業承継の方法別に、売上高成長率および当期純利益成長率を見てみると、外部招聘（しょうへい）に比べ、同族継承や内部昇進のほうが比較的高い数値となっていることが分かる。

・専門知識のある外部人材より、家族や従業員として企業活動により深く関わってきた人材のほうが、承継後のパフォーマンスは良い可能性が高いといえるのかもしれない。

Data.4

事業承継方法別、事業承継実施企業のパフォーマンス

（事業承継後5年間の平均値）

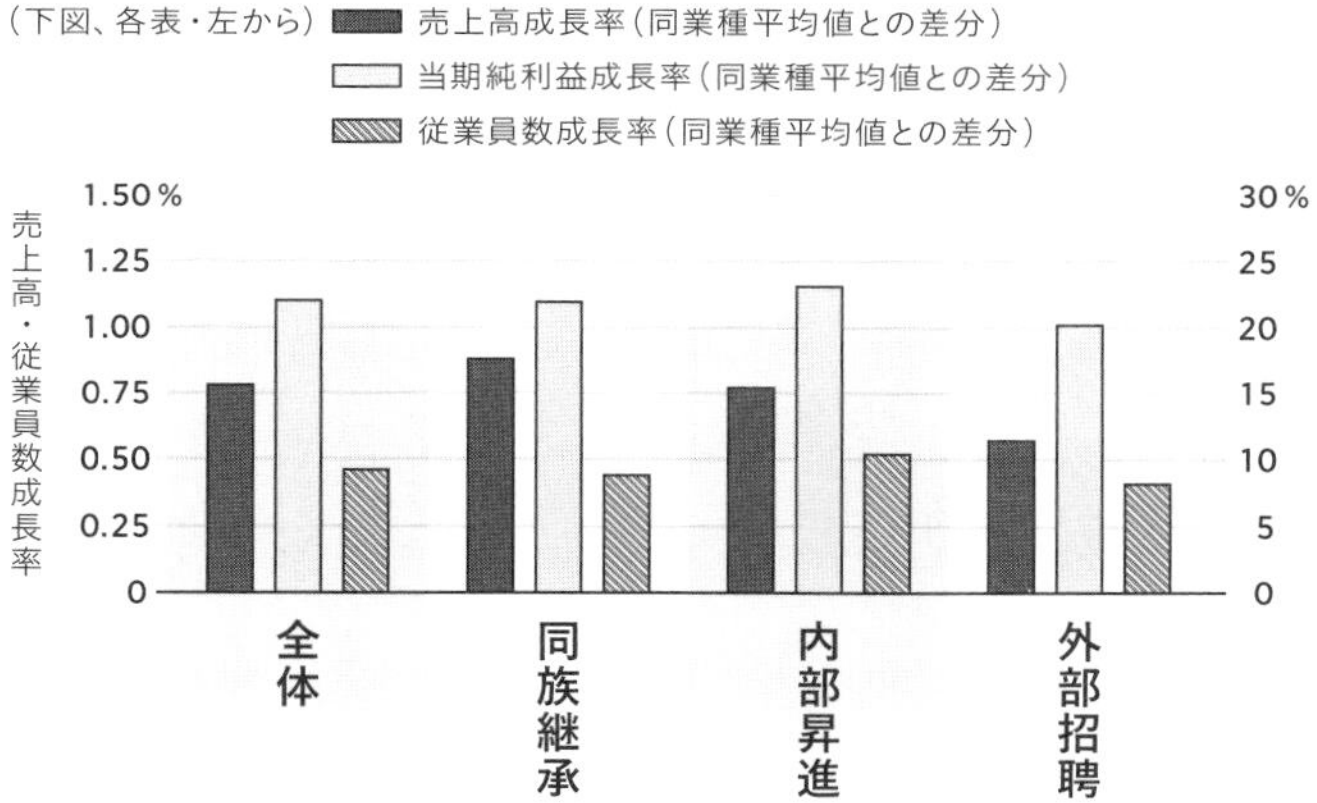

（出典）2023年度版中小企業白書

（注）1. 2010年～2015年に経営者交代を1回行っており、経営者交代からその後5年間の売上高、当期純利益、従業員数の数値が観測できる企業を分析対象としている。

2. 成長率の数値は、マクロ経済の影響を取り除くため、経営者交代を行った企業の成長率の平均値と同分類産業の成長率の平均値との差分である。また、事業承継後5年間の平均値を算出している。

3. 売上高成長率、当期純利益成長率、従業員数成長率が95パーセンタイル以上または5パーセンタイル以下の観測値は外れ値として除外している。

アトツギが地域経済を支える担い手となる

- スタートアップの企業は、おおむね都市圏（東京など）に集中する傾向がある。一方で、意欲あるアトツギは全国各地に存在する。地域経済の新陳代謝の観点からも、地場に根差したアトツギが行う新規事業・事業再構築に注目が集まっている。
- 全国各地のアトツギは、挑戦意欲や成長志向が高い若手の次期経営者として、既存事業や会社のリソースを生かして新規事業や事業再構築に挑戦している。そのためアトツギの挑戦を支える仕組みづくりを各地域で、より一層強化することが求められている。

Data.5

「J-Startup」選定企業の会社所在地

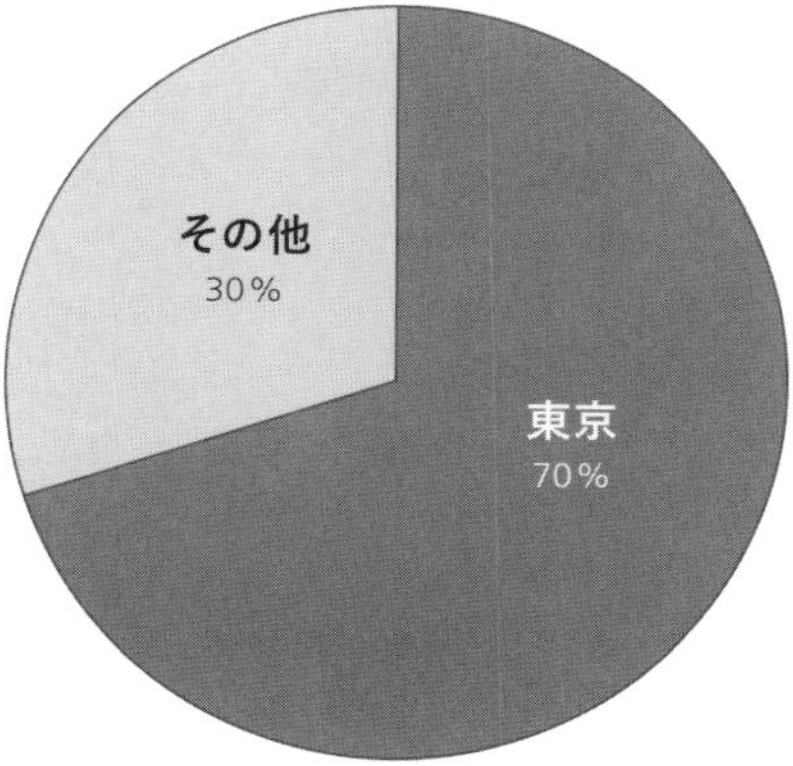

（出典）経済産業省調べ（2023年5月時点）

「アトツギ甲子園」ファイナリストの会社所在地

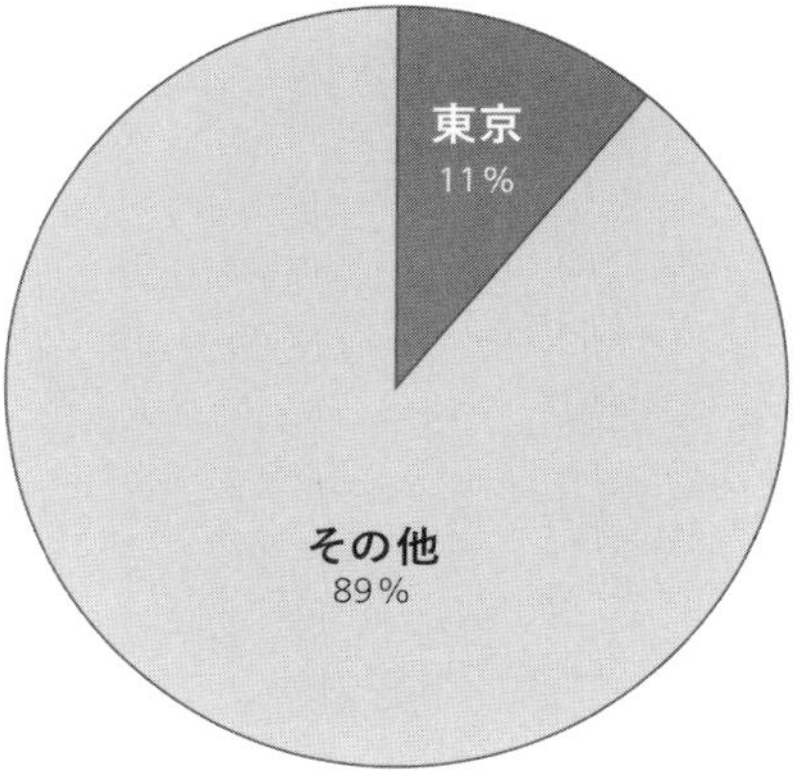

（出典）経済産業省調べ（2023年3月時点）

アトツギベンチャーが変革する世界

・2022年はスタートアップ元年とされ、スタートアップに対する期待が高まったが、その規模は1万社（20年）程度とされる。政府がまとめた「スタートアップ5カ年計画」では、それをこれから5年で10万社にしようとしている。

・もちろん、スタートアップも重要だが、日本には350万の中小企業があり、そのパワーを活性化しない手はない。

・50代未満の経営者による中小企業は62万社（全体の17・8%）、40代未満の経営者による中小企業は9万社（全体の2・6%）が可能性として秘めている。

・例えば、62万社の3割（黄金の3割理論）である19万社がベンチャー化すれば、50代未満の経営者による中小企業62万社が「変革」する。ここにイノベーター理論（変革が全体の16%を超えると変革は拡大する）を結びつけると、中

Data.6

小企業全体350万の16%は56万社なので、62万社はそれを凌駕するので、中小企業全体に変革が拡大していくことになる。

- さらに、40代未満の経営者による中小企業9万社すべてがベンチャー化をすれば、その覚醒、変革のスピードは巨大なインパクトになるのである。それだけにアトツギへの期待は大きい。

アトツギベンチャーが変革する世界

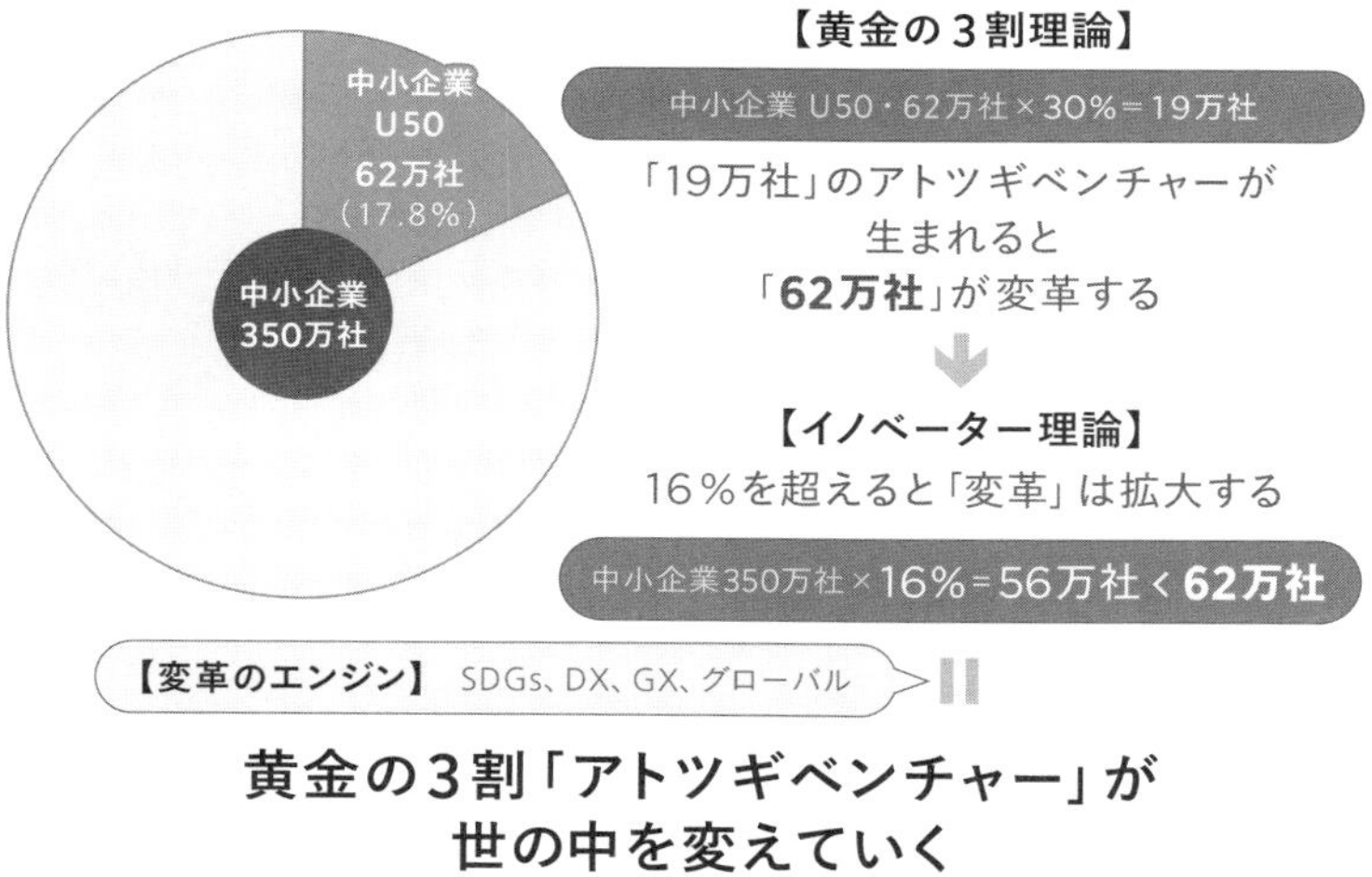

中小企業 U50 62万社 (17.8%)
中小企業 350万社
【黄金の3割理論】
中小企業 U50・62万社×30%=19万社
「19万社」のアトツギベンチャーが 生まれると 「62万社」が変革する
【イノベーター理論】
16%を超えると「変革」は拡大する
中小企業350万社×16%=56万社<62万社
【変革のエンジン】 SDGs、DX、GX、グローバル
黄金の3割「アトツギベンチャー」が 世の中を変えていく

(出典) イノベーター理論：E.M. Rogers, (1990) "Diffusion of Innovations"
(出典)「デジタル田園都市国家構想総合戦略」(令和4年12月23日閣議決定)
p.31脚注10(「黄金の3割理論」「イノベーター理論」)での導出を参照

後継者問題は50歳代が鍵か

- 経営者年齢別に後継者決定状況を見ると、50歳代から60歳代にかけて、「既に後継者を決めている」との回答が大幅に増加する。さらに「後継者を決めていないが事業承継したい」との回答が大幅に減ることも見て取れる。
- 50歳代の経営者が後継を真剣に考え始めるボリュームゾーンであり、そこに寄り添うことが重要だといえる。また同族内承継であれば50歳代の子息は20歳代中盤から30歳代中盤が中心だと考えられるため、その世代にどのように承継活力を与えていくか、覚醒させるかがポイントとなる。
- 一方で60歳代から70歳代にかけては、「既に後継者を決めている」との回答は約5％の増加にとどまっている。60歳代以降は後継者決定への動きが硬直化していくことが推察される。

Data.7

経営者年齢別の後継者決定状況

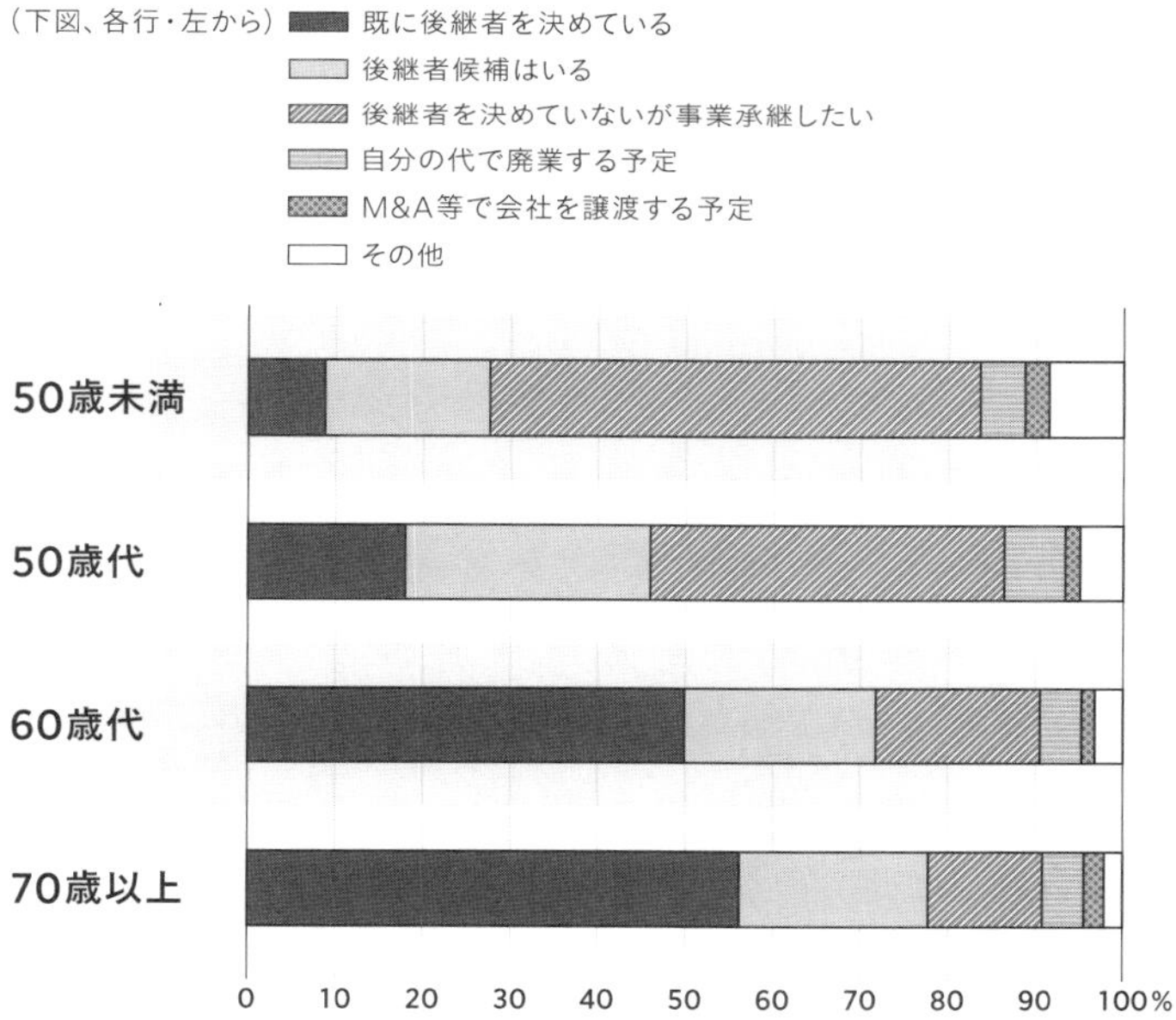

（出典）日本商工会議所 「事業承継と事業再編・統合の実態に関するアンケート」調査結果（2021年3月5日）

中小企業経営者の「世代別」勢力争い

- 中小企業経営者の世代別分布は、50代未満は、2000年時点では23・5％の勢力を占めていたものの、20年時点までの20年で、17・8％までその勢力は弱体化している。
- 一方で、65歳以上については、00年時点では21・1％だったものが20年時点では41・5％まで、なんと2倍に勢力を拡大している。
- 若い世代の（事業承継）経営者の声や活動が目に見えにくくなってしまっている傾向が顕著になっているのではないか。
- これでは、ベンチャー型事業承継の進展に対する政府などの関心が低くならざるを得ない。

Data.8

中小企業経営者の高齢化が進む

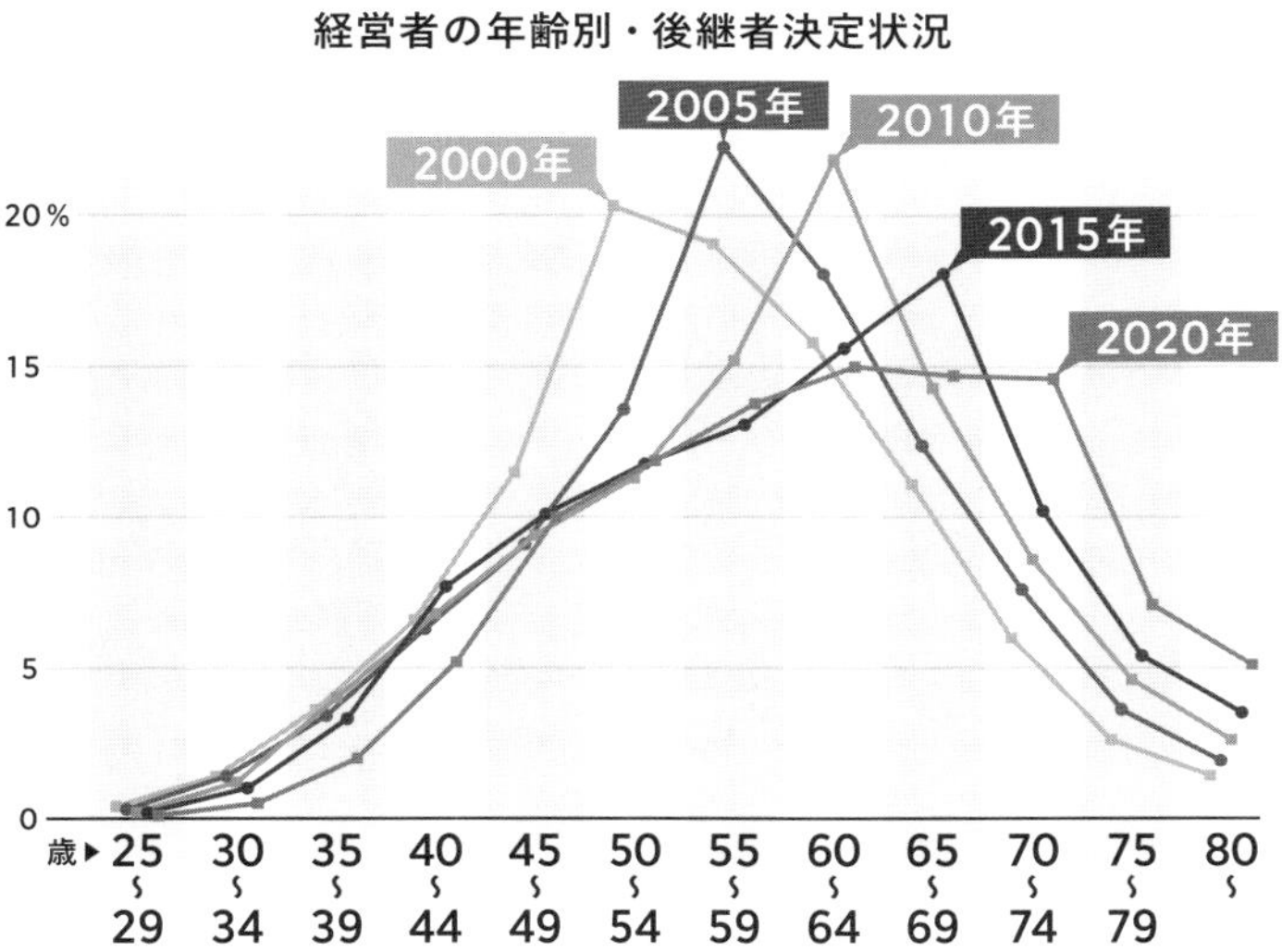

（出典）東京商工リサーチ「企業情報ファイル」再編加工

※国連の世界保健機関(WHO)においては、65歳以上の人のことを高齢者としている。
（Older adults (aged 65 years or older)という表記を用いている。）

将来性は「後継者決定」にあり？

- 後継者の決定状況ごとに企業の売り上げ状況を見ると、決定企業＞未定企業＞廃業予定企業、の順に売上高が増加傾向にある割合が高い。
- 事業の将来性についても、決定企業においては、「大いにある」「ややある」と答えた企業が6割を超えるのに対し、未定企業、廃業予定企業の順で、将来性が「あまりない」「まったくない」と答えた企業が多くなっている。将来性は、後継者決定に依存するといえるかもしれない。
- また未定企業のうち、将来性に期待を持っている（「大いにある」＋「ややある」）割合が5割を超えており、円滑な事業承継を促進することによる日本経済への影響は大きいといえる。

Data.9

現在の売上状況（類型別）

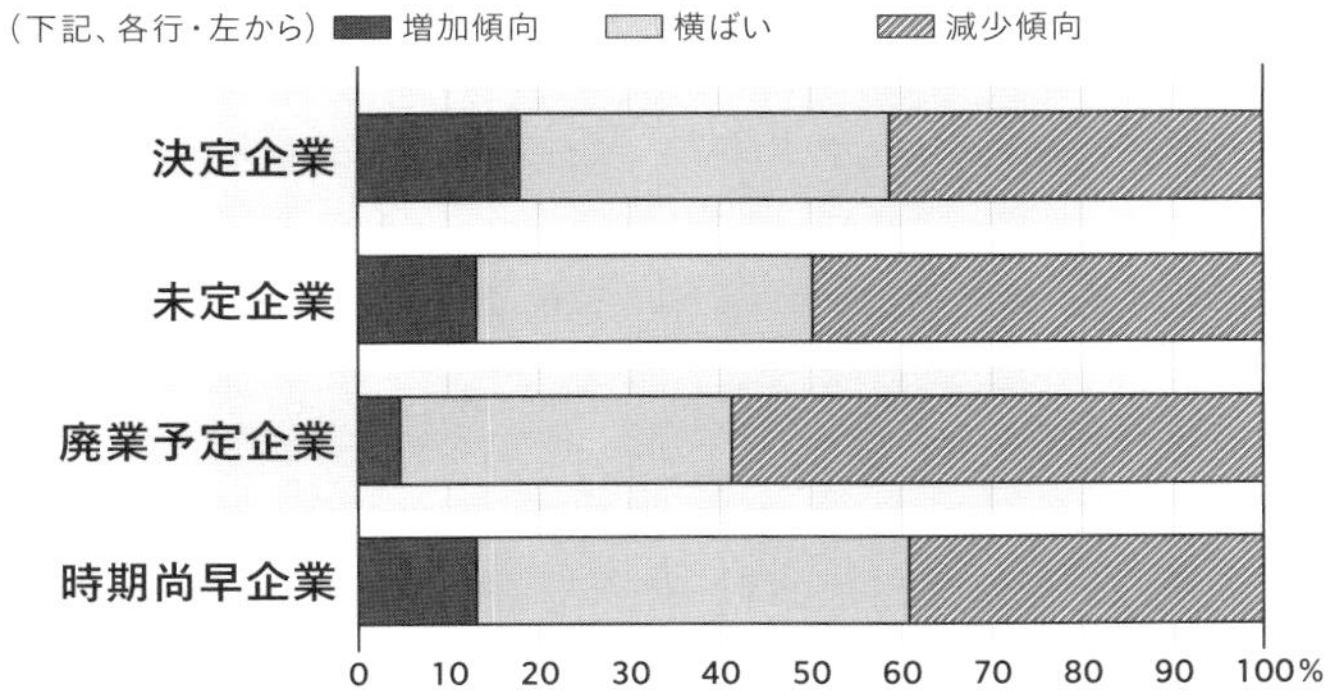

（出典）日本政策金融公庫総合研究所 「中小企業の事業承継に関するインターネット調査（2023年調査）」

おおむね5年後の事業の将来性（類型別）

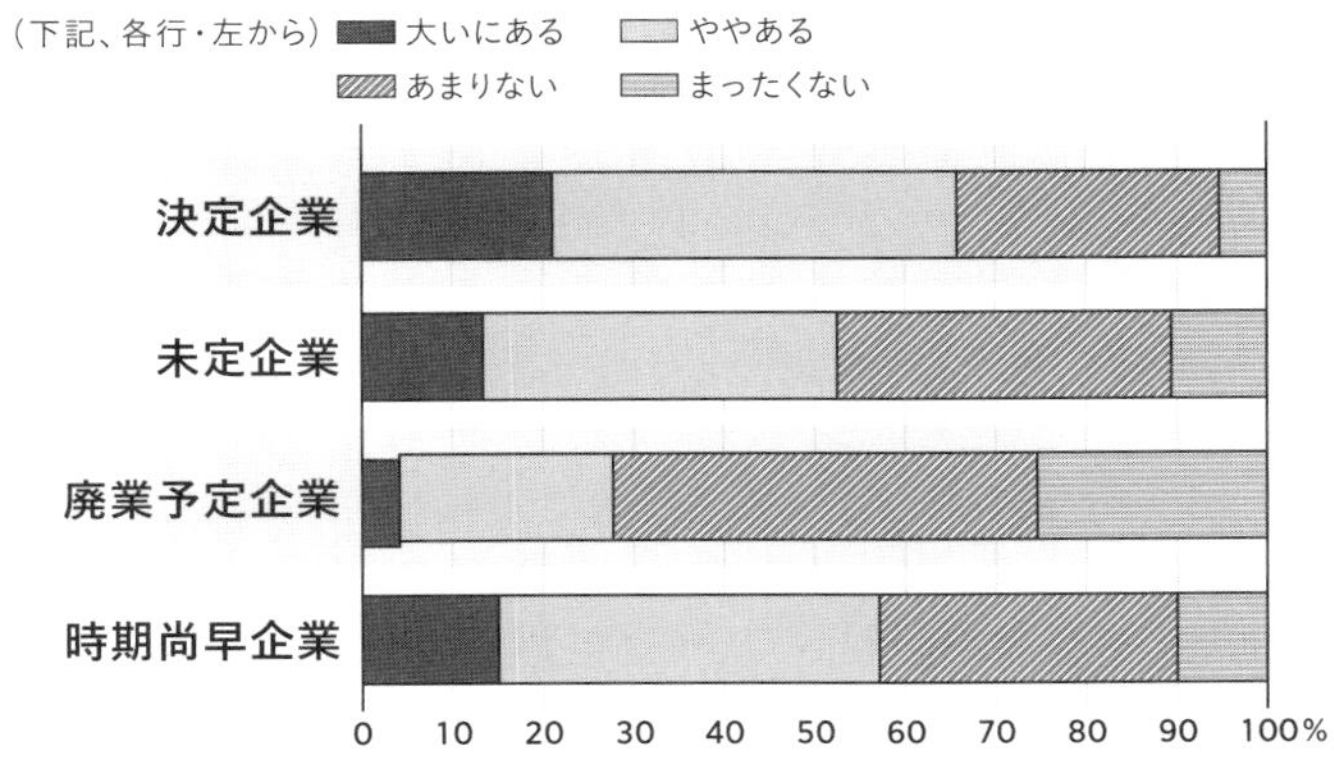

（出典）日本政策金融公庫総合研究所 「中小企業の事業承継に関するインターネット調査（2023年調査）」

日本を支える屋台骨の「崖」が崩れる

- ２０００年には50～54歳が経営者年齢のボリュームゾーン（山の頂点）となっていたが、05年、10年、15年と高齢化が進み、山の頂点は右へ動いている。15年以降は山の崖がなだらかになっており、「富士山型」から「八ヶ岳連峰型」に移行しつつある。「八ヶ岳連峰型」に移行したのは事業承継が一定程度進んだという見方もできるが、廃業・倒産により母数が減ったからともいえる。元々経営者の高齢化は病気などを理由とした廃業・倒産リスクが高いといわれてきたがコロナ禍で一気に進んだ可能性も示唆される。
- 事業承継には準備から実行に至るまで、5～10年程度はかかるといわれており、高齢化した経営者の下では、事業承継への十分な準備が出来ず、将来の円滑な経営に支障をきたすリスクがある。

Data.10

年代別に見た、中小企業の経営者年齢の分布

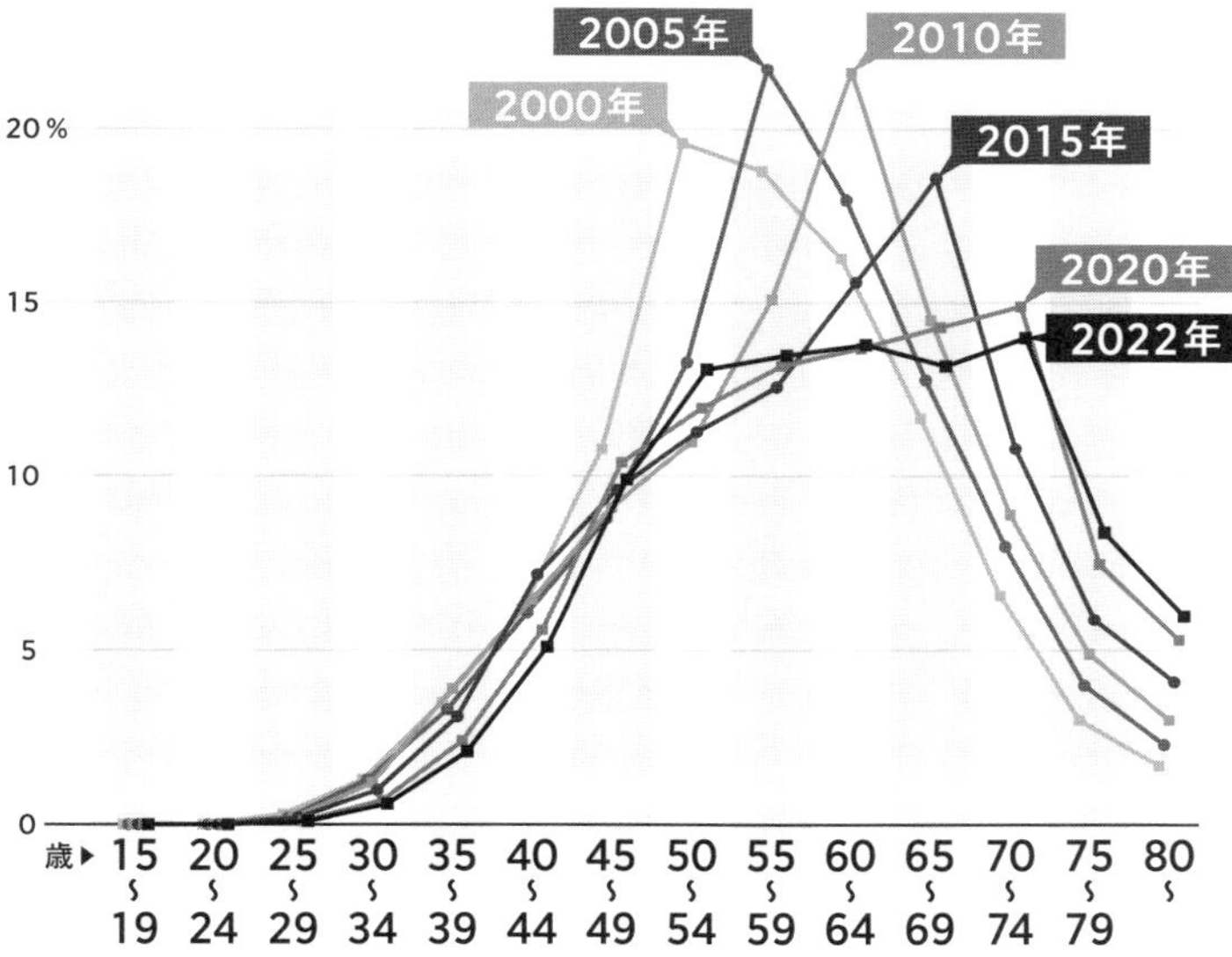

（出典）東京商工リサーチ「企業情報ファイル」再編加工

（注）「2022年」については、2022年11月時点のデータを集計している

おわりに

55

行動だけがチャンスを生む

経営者の家庭に生まれた人はなぜ家業を継ぐのでしょうか。

今の時代、生きていくための「仕事」という意味では、他にも選択肢はたくさんあります。それなのに、なぜアトツギは家業を継ぐ選択したのでしょう。中には、やりたかった仕事を諦めたり、続けたかった仕事を辞めたりして、家業に転職した人もいるでしょう。

ある婦人靴の下請けメーカーのアトツギは、最高の笑顔で私にこう言いました。

「電卓をたたいただけなら家業を継いでいませんよ」。

家業が生み出した利益のおかげで大きくなったという自覚があるから。創業者の祖父の遺言だから。そこにあるのは創業当時の古い写真を見るだけで何ともいえないエモい気持ちになるから。それはアトツギ特有の、極めて非合理的な意思決定かもしれません。起業家とは違って、「たまたま親が商売を営む家庭に生まれた」ので経営者になるという人もいるでしょう。そういう意味では、現時点でアトツギ以上に頭が良くて才覚がある人も、リーダーシップがある優秀な人も、すごいスピードで新規事業を事業化するスキルを持っている人もいるかもしれません。それでも数十年後の会社の存続にアトツギ以上にコミットできる人はいるでしょうか。ピンチに陥ったときに、アトツギ以上の執着心で諦めず乗り越えようとする人はいるでしょうか。

仮に私が成長企業の経営者だったとして、事業シナジーを見込んで後継者がいない会社を買うとします。買収後、事業シナジーが無くなったり、想定していた収益が見込めなかったら、撤退したり、売却することにそれほどの葛藤は感じないでしょう。あくまで「電卓をたたいて合うから」この会社を買ったのであって、これまでの歴史をつないできた先人や地域への思いは、私にとってはそれほど大きな問題ではないからです。

しかし、家業に生まれたアトツギは違うはずです。家業は自分の命とつながっているとすら思えるのがアトツギであり、会社は歴史と未来からの「預かり物」です。預かったものは失くせない。たまたまこの時代を担当するアトツギとしてなんとか次の世代にバトンを渡すまでは走らないといけない。その時まで存続させないといけない。変わりゆく時代の中で、社会から必要とされる会社であり続けるために、今あるものを使ってどうにかして新しい価値を生み出したいと思えるのです。

この本ではアトツギベンチャーの経営者として活躍する約100人のリアルな体験から生まれたナレッジなどを参考にしています。目指すゴールやリーダーシップの在り方は違えども、それぞれ自分らしいスタイルで家業をアップデートしていった方々ですが、たった一つだけ共通点があります。それは「家業に入ったただの若者」だった時から行動し続けたことです。

55

今では華々しく活躍しているように見えるアトツギベンチャーの経営者も、かつては家業の未来に危機感を感じながらも孤軍奮闘し、どちらに向かって走っていけばいいか分からず、自問自答を続けながら迷走したり逆走したりしていました。壁に何度もぶち当たるうちに諦めてしまうアトツギも多数いる中で、実現したい未来を諦めなかったのです。

最後に伝えたいのは「行動を続けること」です。一つ一つの行動は、無意味に思えたり、徒労感を感じたりするかもしれません。それでも、それは将来、思いもよらない形でつながると信じて、今日も明日も行動し続けてください。

いつの時代も家族は複雑で面倒臭いですが、最強だと思います。会社という法人には寿命がなくても、寿命があり感情を持つ人が経営をつかさどる。経営はどこまで行っても感情を持つ人の営みです。価値ある何かを残したい、次の時代につなげたいという人の強い気持ちはいつだってイノベーションを生み出す源泉です。

私は、この「非合理でエモいアトツギの世界」が、これからの不確実な世の中を豊かに、そしてカラフルにしていくと信じています。何よりアトツギにカラフルな人生を歩んでほしい。そのために、心の中に引いた境界線を越えていってください。

スタートアップもかっこいいけど
アトツギもかっこいい

何もない、ゼロから立ち上げるスタートアップはかっこいい。
アトツギには、先代から受け継ぐベースがある。
これは確かにアドバンテージだ。

「ゼロから立ち上げたほうがよっぽどラク!」と
思うことのほうが多いのが現実だ。
それでもアトツギには会社を存続させていく使命がある。
美学がある。

あんなこともこんなことも、いっさいがっさいを受け入れて、
世の中に必要とされる会社であり続けるために、
そして自分自身の人生にワクワクするために、
家業でイノベーションを起こすんだ。

アトツギよ、
Go beyond borders

山野千枝
やまの・ちえ
一般社団法人ベンチャー型事業承継代表理事

1969年岡山県生まれ。91年関西学院大学卒業後、大阪市の中小企業支援拠点「大阪産業創造館」などを経て、2018年に中小企業の承継予定者を対象に新規事業開発や業務改善を支援する一般社団法人ベンチャー型事業承継を設立。公益財団法人大阪産業局フェロー。関西大学、関西学院大学大学院経営戦略研究科で非常勤講師

アトツギベンチャー思考
社長になるまでにやっておく55のこと

2023年10月10日　第1版第1刷発行

著　者	山野千枝
発行者	北方雅人
発　行	株式会社日経BP
発　売	株式会社日経BPマーケティング 〒105-8308 東京都港区虎ノ門4-3-12
装丁・本文デザイン・DTP	前田象平
校　正	聚珍社
印刷・製本	図書印刷

ISBN978-4-296-20308-6

本書籍に関するお問い合わせ、ご連絡は下記にて承ります。
https://nkbp.jp/booksQA